W0189741

rowohlts monographien

HERAUSGEGEBEN

VON

KURT KUSENBERG

CHARLES DICKENS

IN
SELBSTZEUGNISSEN
UND
BILDDOKUMENTEN

DARGESTELLT
VON
JOHANN N. SCHMIDT

ROWOHLT

Dieser Band wurde eigens für «rowohlts monographien» geschrieben
Den Anhang besorgte der Autor
Herausgeber: Kurt Kusenberg · Redaktion: Beate Möhring
Schlußredaktion: K. A. Eberle
Umschlagentwurf: Werner Rebhuhn
Vorderseite: Charles Dickens, 1865
The Dickens Fellowship, London
Rückseite: Charles Dickens mit seinen Romanfiguren.
The Dickens Fellowship, London

Veröffentlicht im Rowohlt Taschenbuch Verlag GmbH,
Reinbek bei Hamburg, Januar 1978
© Rowohlt Taschenbuch Verlag GmbH, Reinbek bei Hamburg, 1978
Alle Rechte an dieser Ausgabe vorbehalten
Satz Aldus (Linotron 505 C)
Gesamtherstellung Clausen & Bosse, Leck/Schleswig
Printed in Germany
680-ISBN 3 499 50262 3

INHALT

Charles Dickens, um 1867

Sein englischer Schriftstellerkollege Anthony Trollope nannte ihn «Mr. Popular Sentiment»[1]*. Mit dieser leicht herablassenden Anerkennung ist bereits die Wirkung beschrieben, die Dickens zu Lebzeiten und noch viele Jahrzehnte nach seinem Tod ausübte. Seine ungebrochene Popularität bei einer breiten Leserschicht brachte ihm den Ruf eines begnadeten Unterhaltungsautors ein, der es wie kein anderer verstand, ein ganzes Volk zum Lachen und Weinen zu bringen. Die Unnachahmlichkeit seiner oft skurrilen Figuren, die ausschweifende Erzählphantasie und eine perfekte Verbindung komischer und melodramatischer Elemente waren gleichsam seine Markenzeichen. So nimmt es nicht wunder, daß in Trollopes Charakteristik eine Symbiose zwischen Person und volkstümlicher Gefühlswelt hergestellt wird. Denn der Gedanke an den Autor Dickens verband sich stets mit der Vorstellung von einem imaginären Schreibkosmos, in dem Wunschbilder und Realitäten einer ganzen Epoche untrennbar verknüpft schienen. Das Adjektiv «Dickensian» beschwor biedermeierhafte Bilder vom Familienidyll am heimischen Herd, von weihnachtlicher Harmonie bei Mistelzweig, Truthahn und Plumpudding sowie einer schemenhaften Außenwelt, bevölkert von Geizhälsen, Waisenkindern, menschenfeindlichen Sonderlingen und aus der Gesellschaft Ausgestoßenen, die der versöhnliche Weihnachtsgeist in die bürgerliche Wärme der viktorianischen Wohnzimmer zurückholte.

Dieses öffentliche Dickens-Bild, das seine halben Wahrheiten aus den frühen Romanen und vor allem den Weihnachtserzählungen bezog, schadete freilich auch dem Ruf des Autors. Noch vor der Jahrhundertwende, als der englische Roman zu sehr viel sublimeren Ausdrucksformen und psychologisch gereifteren Charakterdarstellungen fand, als sie in Dickens' Werken vorgezeichnet erschienen, wurde der Autor der *Pickwickier* und des *Raritätenladen* für viele Kritiker zum Sprachrohr einer Epoche, die durch naive Kindlichkeit, Sentimentalität, Prüderie und Selbstgerechtigkeit bestimmt war. «Die erste Hälfte des 19. Jahrhunderts betrachtete sich als das größte aller Zeitalter. Die zweite entdeckte, daß sie das schlimmste war», schrieb Shaw in seiner Einleitung zu *Harte Zeiten*.[2] Die kritische Rückschau hatte zur Folge, daß Dickens als vermeintlich typischer Vertreter früh- und hochviktorianischer Bestätigungsliteratur auch künstlerisch nicht mehr besonders ernst genommen wurde. Henry James nannte ihn «den größten aller oberflächlichen Romanciers»[3], vor ihm hatte schon G. H. Lewes, trotz aller Bewunderung, gerügt: «Dickens' Charaktere sind Karikaturen und Zerrbilder der menschlichen Natur ... Von seinen Figuren kann behauptet werden, daß sie hölzern sind und auf Rädern rollen.»[4] Man bemängelte die unerträgliche Weitschweifigkeit seiner Fabulierkünste, die melodramatischen Exzesse und spekulativen Rühreffekte, die seichte Typisierung der Gestalten, das gequält Humoristische einer versöhnlich gestimmten Weltsicht, die knirschende Mechanik des Plots und nicht zuletzt das moralisierende Pathos des fiktiven Erzählers. Schon die Entstehungsweise der Romane lief jeder Vor-

---

* Die hochgestellten Ziffern verweisen auf die Anmerkungen S. 130f.

stellung vom schöpferischen Kunstakt zuwider: Die Veröffentlichung in Fortsetzungen (und dies in strikt einzuhaltenden wöchentlichen oder monatlichen Raten) wurde für die planlos-rohe Konstruktion und die Zugeständnisse an einen kruden Publikumsgeschmack verantwortlich gemacht. Doch während die Kontroverse über die künstlerischen Qualitäten noch anhielt, wurde von G. B. Shaw und anderen ein bis dahin zwar nicht unbekannter, aber doch weitgehend unbeachtet gebliebener Dickens entdeckt: Der soziale Kritiker, dessen Beschreibung gesellschaftlicher Schattenseiten gerade in einer Zeit wirtschaftlicher Krisen bewußt machte, daß schon über dem viktorianischen Industriekapitalismus nicht nur ein gütiger Weihnachtsgeist schwebte. Man erinnerte sich seiner wütenden Attacken gegen eine laissez-faire-Gesellschaft, der satirischen Ausfälle gegen Klassendünkel und seiner beißenden Kritik an Institutionen, die sich in kalter Anonymität über Menschenschicksale hinwegsetzten. Hatte nicht Karl Marx einst Dickens in «die großartige Gemeinschaft der Schriftsteller in England» eingereiht, die in ihren Werken «mehr an politischer und sozialer Wahrheit ausgesprochen hatten . . . als alle die professionellen Politiker, Publizisten und Moralisten zusammen»?[5] Zwar standen der Umdeutung Dickens' vom Sprachrohr eines selbstbewußten Bürgertums zum unbewußt marxistischen Gesellschaftskritiker zu viele unwiderlegbare Argumente entgegen, doch begann man nun, in ihm mehr als nur den humoristisch-beschönigenden Chronisten eines versunkenen Englands zu sehen. Seine ungebrochene Beliebtheit bei der Leserschaft, die die Trennung in Kunst und Unterhaltung ohnehin nicht einsah, brachte ihm den Ehrentitel «Schöpfer des demokratischen Romans»[6] ein. Überhaupt sei er einer der ersten europäischen Romanciers gewesen, die nicht nur das einfache Volk zum Gegenstand der Literatur erhoben, sondern auch durch unmittelbaren Kontakt zum massenhaften Publikum diesem das Gefühl einer «ansteckenden demokratischen Brüderlichkeit» schenkten.[7] Eine Kritikerin sollte sein sehr enges Verhältnis zu den zeitgenössischen Lesern gar als «die interessanteste Liebesaffäre seines Lebens» bezeichnen.[8]

Die Wiederentdeckung seiner späteren, «dunklen» Romane zeigte freilich auch, daß Dickens durchaus neue Wege gegangen ist und nicht an endlosen Wiederholungen alter Erfolgsformeln interessiert war. Aus dem insularen Humoristen der *Pickwickier* entwickelte sich in der historischen Rezeption ein sich seiner erzählerischen Mittel voll bewußter Schriftsteller, der die Konflikte seiner Zeit in Werken wie *Bleak House, Little Dorrit* und *Unser gemeinsamer Freund* eindrucksvoll umsetzte. Die Skepsis, ja die Verzweiflung des alternden Dickens, dem einst eine Erlahmung des schöpferischen Impulses attestiert wurde, rückten ihn in die große Tradition einer optimismusfernen Moderne, aus der er bislang als ausgesprochen «altmodischer» Autor ausgesperrt war. Sein Name fiel nunmehr in Verbindung mit Dostojevskij und Kafka, wobei auch die lange Zeit unbekannt gebliebenen Einzelheiten aus seinem späteren Leben die gängige Vorstellung einer erfüllten Schriftstellerexistenz zerstörten. Mit dem Aufsatz «Dickens: Die beiden Scrooges» (1940)[9] leitete der amerikanische Kritiker Edmund Wilson eine sozialpsychologisch orientierte Neubestimmung des traditionellen Dickens-Bildes ein, die für die moderne Forschung wegweisend wurde. Der Romanautor wurde hinfort als historisches Subjekt mit all seinen Widersprüchen ernst genommen, da man erkannte, daß einer entwicklungsgeschichtlichen Be-

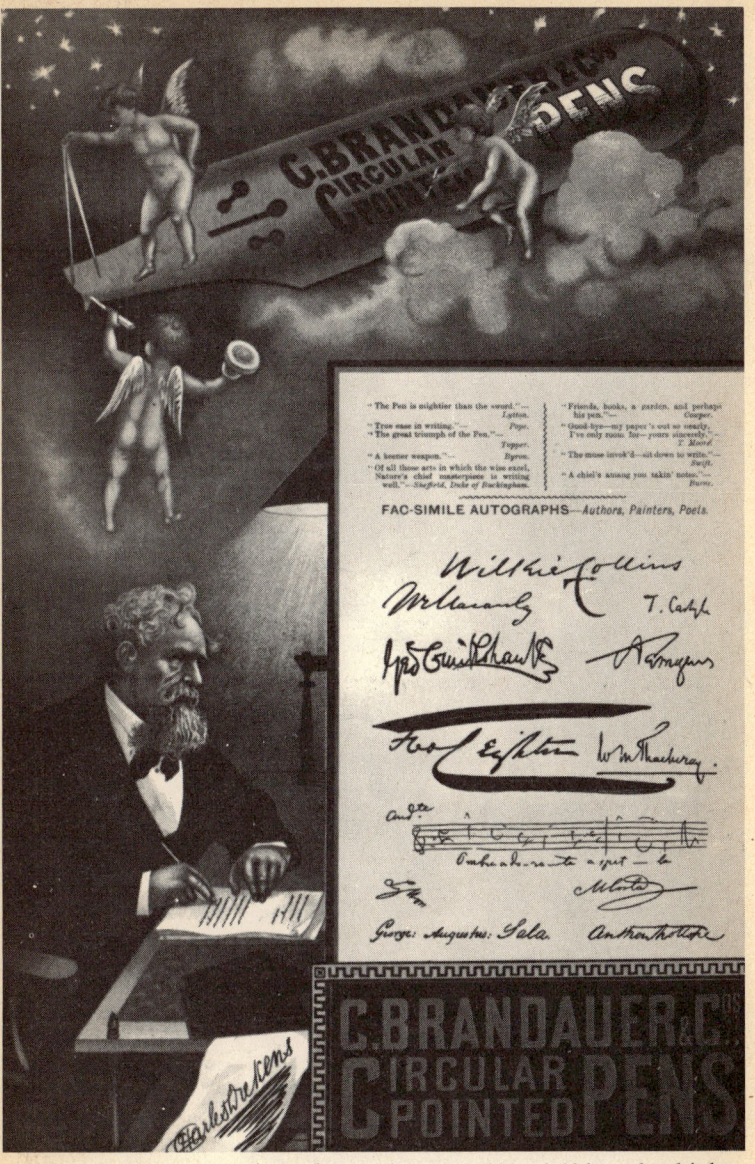

Dickens auf einem Reklamebild für Schreibfedern

Audienz bei Königin Victoria

trachtungsweise nicht mit stimmigen, letztlich aber einseitigen Autorenbildern geholfen ist. Entstanden nicht auch Dickens' Romane in einer Epoche, die von großen Umwälzungen geprägt ist? Dickens' erste Schreibversuche reichen noch in die Zeit von Wilhelm IV., als sich der bürgerliche Industriestaat erst unter großen Anstrengungen konsolidierte – gegen die sich im Chartismus* zusammenschließende Arbeiterbewegung und (freilich weitaus kompromißbereiter) die durch die Reformbill nur mühsam zurückgedrängte

* Chartismus, so genannt nach einer Volkscharta von 1838, die allgemeines, gleiches, geheimes Wahlrecht, Parlamentsreform und jährliche Parlamentswahlen forderte.

Landaristokratie. Bei seinem Tode hatte Königin Victoria bereits über die Hälfte ihrer 65 Jahre dauernden Herrschaft hinter sich, England befand sich mitten im Kampf um imperiale Vormachtstellung, das Bürgertum hatte seine führende Rolle durchgesetzt und verband seine ökonomische Stärke mit dem inzwischen berüchtigten viktorianischen Tugendanspruch. Die Lebensgeschichte Dickens' ist wie ein Reflex auf die politischen, wirtschaftlichen und geistigen Auseinandersetzungen jener Zeit. In dieser rastlosen, an ihren Energien schließlich zerbrechenden Person finden sich alle Autorenbilder – positive wie negative – vereinigt, die in der nachfolgenden Wirkungsgeschichte so ungebunden nebeneinander zu stehen schienen.

Und doch kann auch die verwirrende Komplexität einer Gestalt wie Dickens auf eine sehr elementare Antriebskraft zurückgeführt werden. Auf der Höhe seines Ruhms sprach der Schriftsteller von einem *unterschwelligen traurigen Verlust, einem Gefühl, daß irgend etwas fehlt*[10]. Dieser Verlust, durch das Schreiben von Büchern kaum wettzumachen, geht weit zurück und umgreift sowohl die persönliche Biographie als auch den Zustand einer Welt, die schon einem Kind das Glück rauben kann.

FRÜHE ÄNGSTE

Charles Dickens' Kindheit und Jugend haben einen Einfluß auf seine spätere Entwicklung ausgeübt, der über die bloße Aufnahme und Verarbeitung erster Erfahrungen weit hinausreicht. In autobiographischen Fragmenten und vor allem in den Romanen selbst werden die frühen Jahre so schmerzlich-intensiv wiedererlebt, gewinnen eine so große emotionale Macht über den Autor, daß die kindliche Seh- und Fühlweise zur vielleicht wichtigsten Perspektive des erwachsenen Dickens wird. Nicht zufällig sind die «Helden» vieler seiner Romane und Erzählungen Kinder: Oliver Twist, Little Nell (*Der Raritätenladen*), Paul und Florence Dombey, David Copperfield, Esther Summerson und Jo der Straßenfeger (*Bleak House*) und der kleine Pip in *Große Erwartungen*. Durch sie wird ein Ausschnitt auf eine Welt freigegeben, in der noch nichts selbstverständlich geworden ist und gerade deshalb jede staunend wahrgenommene Einzelheit nur darauf wartet, beschrieben zu werden. Als erzählerisches Gestaltungselement schlägt sich dies nieder in der Konzentration auf stark typisierende Eigenschaften eines Menschen, der Lust am Nachahmen von sprachlichen Ticks, der Verschmelzung scheinbar widersprüchlicher Empfindungen (etwa in der Groteske mit ihrer Mischung aus Grauen und Komik) und einem vom erwachsenen Normbewußtsein unbeschädigten Gespür für das Absonderliche, nicht Alltägliche. Dickens ist angelastet worden, daß seine Kindgestalten blaß, passiv leidend und idealisiert seien, gleichsam Spiegelungen eines prüde-viktorianischen Wunschdenkens. Sicher trifft dies zu, doch bringt ihre Passivität auch zur konkreten Anschauung, wie das wehrlos-unschuldige Bewußtsein einer Umgebung ausgeliefert ist, die nur das Realitätsdenken eines Erwachsenen bewältigen kann – und meist auch dieses nicht, weil die alten Wünsche und Ängste nur notdürftig verdeckt sind. Dieser lebensgeschichtliche Konflikt, wie er in Dickens' Büchern immer wieder auftritt, findet eine Entsprechung in der

Der Vater: John Dickens. Gemälde von John W. Gilbert

Biographie des Autors, den die Erinnerung an seine Kindheit bis zum Tod nicht mehr verließ.

Charles John Huffam Dickens wurde am 7. Februar 1812 als zweites von acht Kindern in Landport bei Portsmouth, einem Seehafen an der englischen Südküste, geboren. Seine Eltern lernt man – besser als auf den zeitgenössischen Porträts – in den überpointiert gestalteten Figuren von Mr. Micawber (*David Copperfield*) und Mrs. Nickleby (*Nicholas Nickleby*) kennen. Der Vater, John Dickens, war ein liebenswerter, loyaler, gutmütiger Mann mit einer Schwäche für gedrechselt-pompöse Redensarten und joviale Gesten. Seine großzügige und gesellige Lebensführung überstieg freilich immer wieder die finanziellen Möglichkeiten, die ihm sein Beruf als Marinezahlmeister erlaubte. Regelmäßige Schulden – später vom erfolgreichen Sohn beglichen – bedrohten zeitlebens seinen sozialen Status. Seine Frau Elizabeth war die Tochter des wohlhabenden Marineleutnants Charles Barrow, und ob-

Die Mutter: Elizabeth Dickens, geb. Barrow

gleich das Marinezahlamt den Hintergrund für die Verbindung abgab, war es für John Dickens doch ein gewaltiger Sprung über festgezogene Klassenschranken. Denn seine Eltern hatten es zwar zu respektierten Hausangestellten bei einem Marquis gebracht, doch für eine vornehme Einheirat war seine Abkunft keineswegs standesgemäß. Von ihrem Sohn wird Elizabeth Dickens nur selten und dann nicht ohne Unbehagen erwähnt. Ihre Bevormundungen und wirkungslosen Versuche, den finanziell gefährdeten Haushalt in den Griff zu bekommen, ließen vermutlich kein besonders herzliches Verhältnis zu ihrer Familie aufkommen. So verrät der Bericht des reifen Dickens über die alterskranke Mutter in seiner absurden Komik einen eklatanten Mangel an Mitgefühl: *Meine Mutter, die ich ebenfalls erbte, als mein Vater starb (ich erbte immer nur Verwandte), befindet sich in einem höchst merkwürdigen Geisteszustand, der vom senilen Verfall herrührt; und die Unmöglichkeit, ihr beizubringen, was um sie hervorgeht, verbunden mit ihrem Drän-*

13

gen, in Schwarz gekleidet zu werden wie ein weiblicher Hamlet, beleuchtet die düstere Szene mit einer grauenhaften Sinnlosigkeit, die den Haupttrost darstellt, den ich darin finden kann.[11]

Daß der kleine Charles seinen Großvater mütterlicherseits nie zu Gesicht bekam, war mit ständigem Auslandsaufenthalt dieser unabkömmlichen Person zwar richtig, aber schamhaft erklärt: Nachdem er neun Jahre lang die Abrechnungskonten systematisch gefälscht hatte, mußte Charles Barrow 1810 das Land verlassen und beendete sein Leben auf der Isle of Man. Die Gefährdung bürgerlicher Existenz durch ein Familienmitglied (der gefürchteten Leiche im Keller) und die Flucht vor der moralischen Katastrophe sollten bei Dickens zu immer wiederkehrenden Romanmotiven werden. Zudem bedrohte der Verlust mühsam erreichter Positionen auch die Eltern, die zuerst in Portsmouth, später in Chatham jeweils innerhalb desselben Ortes in billigere, ungeräumigere Häuser umziehen mußten.

Trotz des beunruhigenden gesellschaftlichen Schwebezustands, in dem sich die Familie befand, waren für Charles die Schrecken der Kindheit zunächst mehr in der Vorstellungswelt als in der Realität verborgen. Das animistische Reich viktorianischer Spielzeugmasken von Schurken, Dämonen und feuerspeienden Zwergen lag im Kampf mit den Mächten des Guten, was die Grenze zwischen vergnüglichem Spiel und sanftem Terror nur allzu oft verwischte. Das Puppentheater erweckte die Lust an dramatischen Effekten, der Dickens zeitlebens nachgab, weil sie ihn für mancherlei häßliche Alltagsdramen entschädigte. Vom Kindermädchen Mary Weller wurden ihm Märchen mit wundersamen Geschehnissen, aber auch phantastischen Schauerlichkeiten erzählt, wie etwa die Geschichte vom «Kapitän Mörder», der seine Frauen in Fleischpasteten verarbeitet, bis er durch das ihm vom nächsterwählten Opfer verabreichte Gift vom Boden bis zur Decke anschwillt und schließlich platzt. Gleich einem Erzähler mit Realismusanspruch vergaß Mary nicht, genüßlich zu erwähnen, daß die sinistren Ereignisse ihren engsten Bekannten zugestoßen seien. *Die junge Frau hatte ein teuflisches Vergnügen an meinen Ängsten*[12], erinnerte sich Dickens, der in seinen Romanen immer wieder das Schreckenerregende in den Bereich des Möglichen rückte, um so der vertrauten Wirklichkeit einen irrealen Anflug des Grauens zu verleihen. Das Elternhaus bot freilich auch harmlosere Vergnügungen: die Laterna magica, zusammen mit den Geschwistern eingeübte Possen, komische Duette, dramatische Rezitationen und Pantomimen. Als Achtjähriger hatte Charles in Chatham den großen Clown Grimaldi erlebt, dessen Memoiren er später herausgeben sollte. Der Clown, Inbegriff des Tragikomischen, rührt das Publikum mit pathetisch großen Gebärden und erheitert es durch seine Naivität in einer Welt der Tücken. Die so geschaffene Zwiespältigkeit der Gefühle ist keinem Dickens-Leser unbekannt.

Die Lektüre der großen pikaresken Romane des 18. Jahrhunderts (Fielding, Smollett, Lesage) führt den jungen Charles in eine abenteuerlich-bunte Landschaft, in der sich gutmütige Schelme gewitzt durchs Leben schlagen und manchem zeitgenössischen Kodex eine lange Nase machen. Diese Bücher, erinnert sich Dickens' alter ego David Copperfield, *hielten meine Einbildungskraft am Leben und meine Hoffnung auf etwas anderes jenseits dieses Ortes und dieser Zeit – wie auch Tausendundeine Nacht und die Geschichten von den Genji –, sie alle fügten mir keinen Schaden zu; denn was auch an Schädlichem für mich in den Büchern sein mochte, für mich war es nicht da; ich wußte nichts davon*[13]. Vor allem im Frühwerk Dickens', von den *Pickwickiern* bis *Martin Chuzzlewit*, werden die pikaresken Elemente noch einmal belebt. Nachprüfbar ist dies an der episodenhaften Erzählstruktur, dem Motiv der Reise und der daraus folgenden Vielfalt von Szenarien, der Konfrontation des blauäugigen Helden mit einer nicht stets freundlichen Umwelt sowie an allerlei unmotiviert eintretenden Konfliktlösungen. Dickens, oft etwas pauschal der realistischen Erzählkunst des 19. Jahrhunderts zugerechnet, war anfangs noch ganz den großen Vorbildern einer Romantradition verpflichtet, die ins vorindustrielle England der Postkutschen, Landkneipen und einer geordneten Ständehierarchie zurückweist. Das Peterloo-Massaker (1819), jene brutale Niederschlagung unbewaffneter

Aufständischer durch ein Kavallerieregiment, hatte in diesem England keinen Platz, und als davon die Kunde ins idyllische Chatham drang, empfand der siebenjährige Charles *ein Gefühl des Schreckens, das mich im Bett erzittern ließ, nachdem ich dafür gebetet hatte, daß die Radikalen möglichst schnell ergriffen und gehängt werden möchten*[14]. Eine kindliche Reaktion, gewiß, doch nicht untypisch für die Ängste des frühviktorianischen Bürgertums. Dickens' «Revolutionsromane» *Barnaby Rudge* und *Die Geschichte zweier Städte* sollten beide unentschieden zwischen der Faszination gerechten sozialen Protests und der Abscheu vor der organisierten Masse schwanken – wie auch ihr Autor.

Als Dickens' Vater 1822 nach London versetzt wurde, war die glückliche Zeit in der ländlichen Idylle Nordkents unwiderruflich vorbei. Charles brachte noch das Schuljahr zu Ende und wurde dann in eine Postkutsche verfrachtet, um seinen Eltern nachzufolgen: *Niemand begleitete mich darin, ich verzehrte meine belegten Brote in einsamer Trostlosigkeit, es regnete die ganze Reise in Strömen und ich fand das Leben matschiger, als ich es erwartet hatte.*[15] Camden Town, wo sich die Eheleute Dickens mit ihren inzwischen sechs Kindern, einem Untermieter und einem neuen Kindermädchen aus dem Arbeitshaus in nur vier Zimmern niederließen, war damals noch kein Stadtteil, sondern eine Art Vorort von London. Seine Bewohner bildeten eine reichlich gemischte Gemeinschaft aus Kleinhändlern, Facharbeitern und Handwerkern, deren einzige Abwehr gegen die drohende Verarmung der Traum von ein wenig mehr Prestige und Würde war. Dickens hat die bescheidenen Illusionen und hilflosen Versuche der kleinen Leute, durch vornehmes Auftreten bedeutender zu erscheinen, immer wieder milde persifliert.

Der junge Charles entdeckte nun auf seinen ausgedehnten Spaziergängen das unheimliche Labyrinth einer Millionenstadt. Die hektische Betriebsamkeit auf den Straßen, die Branntweinstuben und *Läden, in welchen altes Eisen, Küchenabfall, Lumpen und Knochen feilgeboten wurden*[16], die düsteren Armenviertel mit ihren verdreckten Gassen und Schlupfwinkeln, das slumartige Hafengebiet an der Themse – dieses London, das in Dickens' Werk einen urbanen Kosmos eigener Art bildet, mußte zuerst buchstäblich ergangen und erfahren werden. Schon in den frühen Skizzen erscheint die Stadtlandschaft in visuell einprägsamen Vignetten, während ihr im Spätwerk eine symbolhafte Bedeutung zugewiesen wird, die das gesamte Geflecht von Individual- und Gesellschaftsbeziehungen erfaßt.

John Dickens verlor im Spiel inzwischen mehr, als er durch Einkünfte wettmachen konnte. Sein Sohn, der als Schriftsteller geradezu penibel geordnete finanzielle Verhältnisse für sich und seine Familie anstrebte, bemerkt nach lobender Erwähnung des väterlichen Naturells: *Aber in seiner Seelenruhe und bei der Begrenztheit seiner Mittel schien er damals völlig vergessen zu haben, mich überhaupt zu erziehen, und er schien völlig verdrängt zu haben, daß ich diesbezüglich irgendwelche Ansprüche, welcher Art auch immer, an ihn hatte.*[17] Die Mutter hegte den völlig absurden und wohl nur der Verzweiflung entsprungenen Plan, im vornehmeren Stadtteil Bloomsbury eine Heimschule zu eröffnen. Doch das Unternehmen ließ nur ein Messingschild «MRS DICKENS' ETABLISSEMENT» und weitere Schulden zurück. In dieser Notsituation, durch erhöhten Mietzins für das neue Heim verschärft, vermittelte der ehemalige Untermieter in Camden Town dem gerade zwölfjährigen Charles eine Beschäftigung in Warrens Schuhwichsfabrik, die in der Londoner Innenstadt (beim heutigen Charing Cross-Bahnhof) eine kleine Dependance besaß. Zwar sollte der Junge zuerst täglich eine Erziehungsstunde bekommen und seiner Beschäftigung – dem Abfüllen von Flaschen und Bekleben mit Etiketten – von den «gewöhnlichen Arbeitern» getrennt nachgehen, doch war dieser schwache Vorsatz mit dem Ziel, die soziale Schande zu mindern, bald vergessen. Die sechs Shilling wöchentlich, die Charles etwa fünf Monate lang verdiente, entschädigten nicht für die geradezu traumatische Verzweiflung des Jungen, der sein Leben für wichtigere Dinge bereitgehalten hatte. *Es ist mir ein Rätsel, wie ich in einem*

Der Clown Grimaldi

M.ʳ GRIMALDI, as Clown.

solchen Alter derart leicht weggeworfen werden konnte. Es ist mir ein Rätsel, daß selbst nach der Degradierung zum armen kleinen Kuli, der ich seit unserer Ankunft in London war, niemand genug Mitgefühl mit mir hatte – einem Kind von einzigartigen Fähigkeiten, aufgeweckt, lernbegierig, zart und leicht verletzbar, sowohl körperlich wie geistig –, um darauf hinzuweisen, daß möglicherweise eine Menge Unglück vermieden wäre, indem man mich in eine gewöhnliche Schule steckte. Unsere Freunde waren unser wohl überdrüssig. Keiner gab auch nur ein Zeichen. Mein Vater und meine Mutter waren ganz zufrieden. Sie hätten wohl kaum zufriedener sein können, wenn ich schon zwanzig gewesen wäre, mit hervorragendem Gymnasialabschluß und kurz vor einem Studium in Cambridge.[18]

Große Erwartungen, enttäuschte Erwartungen. Kinderarbeit war zu jener Zeit zwar nichts Ungewöhnliches (viele begannen damit als Sechs- bis Achtjährige und unter gefährlicheren Bedingungen), doch erst vor dem Hintergrund heimlicher Hoffnungen, die intuitiv wahrgenommenen Talente eines

Camden Town: dieses Haus bezog die Familie Dickens Ende 1822

Tages entfalten zu können, ist das Gefühl der Erniedrigung zu erklären. Die Arbeitskameraden, von denen er sich bewußt durch vornehmere Manieren abzusetzen versuchte, nannten ihn in ironischer Ehrerbietung «den jungen Gentleman». Selbst seinen nächsten Angehörigen verschwieg er später diese traumatische Episode, und nur durch einen Zufall erfuhr davon sein Freund und Biograph John Forster, der Dickens' fragmentarische Erinnerungen nach dessen Tod veröffentlichte. *Keine Worte können meine heimliche Seelenangst schildern*, heißt es dort, *als ich in diese Gesellschaft herabsank ... Mein ganzes Wesen war derart erfüllt vom Kummer und der Schmach dieser Erinnerungen, daß ich selbst jetzt – berühmt, umhegt und glücklich – in meinen Träumen oft vergesse, daß ich ein liebes Weib und Kinder habe; selbst daß ich zum Mann geworden bin; und ich wandere verloren zurück in jene Zeit meines Lebens.*[19] Dickens erinnert sich des frühen Elends nicht ohne dramatisches Pathos und ein mitleidvolles Selbstwertgefühl, die an die Geschichte von Oliver Twist gemahnen, der unter die Verbrecher fällt, obgleich sich im nachhinein herausstellt, daß ihm ein Platz in den höheren Rängen der Gesellschaft zusteht. Da aber der kleine Charles nicht Oliver ist, dessen nobler Stand durch die romanhafte Aufdeckung eines Testamentsschwindels gesichert werden kann, wird er später aus eigener Kraft und mit geradezu manischer Energie beweisen müssen, daß der sensible «junge Gentleman» von damals unter Verkennung seiner wahren Qualitäten in ein rattenverseuchtes Arbeitsloch geraten ist. Der literarische Selfmademan Dickens hat sein Leben lang versucht, den Schock dieser relativ kurzfristigen Erniedrigung zu überwinden. Ohne Verharmlosung der psychischen Misere des intelligenten Jungen, der sich mit zwölf Jahren schon am Ende einer gerade erst begonnenen Lebensentwicklung sah, läßt sich die seelische Erschütterung auch auf kollektive Ängste zurückverfolgen: der Furcht des Kleinbürgertums vor der eigenen Proletarisierung, wenn nicht noch Schlimmerem (*Ich weiß, daß ich ohne Gottes Hilfe leicht ein kleiner Straßenräuber oder Vagabund hätte werden können*[20]).

Das von seiner Umwelt aufgegebene Kind sollte für Dickens zur Symbolfigur aller Ausgestoßenen und Erniedrigten werden. Für manche Kritiker liegt gerade darin eine Erklärung für die Größe, letztlich aber auch die Grenzen dieses Autors.[21] Denn der glanzvoll-reichen Dickens-Welt scheint eine wichtige Gestalt zu fehlen: ein Erzähler, der sich nicht erst vom individuellen Elend seiner Jugend befreien mußte, indem er das Elend seiner Mitmenschen aus der vereinfachenden, moralisierenden Perspektive des arglos erlittenen Unrechts beschrieb. Selten hat ein früher biographischer Einschnitt so deutlich die Themenwahl und den erzählerischen Standpunkt eines Schriftstellers beeinflußt. Doch weil es eine Erfahrung war, die weder eine differenzierte moralische Wertung noch eine Überprüfung der eigenen sozialen Rolle nahelegte, konnte sie mit so distanzloser Teilnahme in den Romanen umgesetzt werden. Erst im Spätwerk *Große Erwartungen* trat Dickens dem «jungen Gentleman» mit selbstkritischer Skepsis und einem nüchterner gewordenen Blick gegenüber.

Nur wenige Tage, nachdem Charles seine Arbeit in der Schuhwichsfabrik angetreten hatte, wurde sein Vater ins Marshalsea, das Londoner Schuldgefängnis, eingeliefert. Die Sonne sei für ihn wohl für immer untergegangen, waren seine Worte am Gefängnistor: *Ich glaubte damals, daß sie mein Herz gebrochen hatten.*[22] Doch für einen Mann wie John Dickens konnte die Sonne nicht untergehen. Im Marshalsea, das mehr einem geräumigen Asyl als einem Strafgefängnis glich, wohnte er billiger als zu Hause und konnte als jovialer Vertrauensmann seiner Mithäftlinge gerade jene organisatorischen Talente unter Beweis stellen, die ihm zur Regelung seiner eigenen Angelegenheiten so offenkundig fehlten. Die Familie folgte ihm – wie es damals durchaus üblich war – in die Schuldnerzelle nach, und nur Charles blieb zuerst in einer trostlosen Nord-Londoner Unterkunft, später in einer freundlicheren Dachkammer in der Nähe des Gefängnisses zurück. Es gibt nur wenige Romane von Dickens, in denen nicht zwei Motive regelmäßig wiederkehren: Das uneheliche, verwaiste oder von den Eltern vernachlässigte Kind und das Gefängnis. In *Little Dorrit*, einem seiner bedeutendsten Werke, wird das Thema des Eingeschlossenseins (der alte Dorrit verbringt sein halbes Leben im Marshalsea) auf die gesamte Gesellschaft ausgeweitet, die sich selbst hinter wahre Mauern von Heuchelei und Eigennutz sperrt. Dickens hat im Gefängnis eine der zentralen Möglichkeiten erkannt, wie Menschen ihrer sozialen Bestimmung beraubt werden können, und es ist kein Zufall, daß er auf seinen späteren Auslandsreisen den Besuch im örtlichen Gefängnis wie eine Inspektion der gesellschaftsethischen Verfassung eines Landes in sein Programm aufnahm.

Ausgerechnet die alte Mrs. Dickens, die ehemalige Haushälterin, ermöglichte John Dickens durch ihren Nachlaß die Rückzahlung der Schulden und damit seine Entlassung aus dem Marshalsea nach dreimonatiger Haft. Zu Charles' Kummer erwähnte jedoch niemand, daß nun auch seine Fron in der gehaßten Fabrik beendet sei. Erst als sein Vater ihn zufällig im Fenster arbeitend ausgestellt sah, als sei er ein öffentliches Schaustück für die Effizienz der Firma, rührten sich Stolz und Mitleid. Gegen den Willen seiner Frau, die den abrupten Schritt mißbilligte, setzte er die sofortige Kündigung des Sohnes durch. Die häusliche Kontroverse hat in Dickens tiefe Spuren hinterlassen: *Ich schreibe das nicht aus Groll oder Zorn, denn ich weiß, wie alle diese Dinge zusammengewirkt haben, um aus mir zu machen, was ich bin: aber ich habe später nie vergessen, ich werde es nie vergessen, ich kann es nicht vergessen, daß meine Mutter sich dafür erwärmte, mich in die Fabrik zurückzuschicken.*[23] Die Zeit kindlicher Hilflosigkeit war nun vorbei. Dickens hatte den Abgrund kennengelernt und arbeitete mit eiserner Disziplin darauf hin, nie wieder in seine Nähe zu geraten. Die ungeheuren Energien, die er künftig entfalten sollte, sind mit seiner natürlichen Vitalität nur unzureichend erklärt. Hinter dem geradezu zwanghaften Bemühen, sich den von der Familie verwehrten Aufstieg zu erkämpfen, verbirgt sich das Trauma eines jungen Menschen, der alle Abhängigkeiten nur von ihrer entwürdigenden Seite kennengelernt hatte.

Die zweieinhalb Jahre, die Dickens an der Wellington House Academy, einer mittelmäßigen Privatschule, verbrachte, müssen auf ihn wie eine Erlösung von frühem Leid gewirkt haben. Zwar sollte er sehr viel später feststellen: *Ich mag diese Art von Schule nicht, die insgesamt ein gefährlicher und grauenerregender Humbug ist*[24], doch dürfte dieses Urteil weniger auf eigene schlimme Erlebnisse zurückgreifen, sondern mehr ein veraltetes Ausbildungsideal treffen. Für den Aufstiegsbürger Dickens war die Aneignung von praktischem Wissen aus eigener Kraft und Einsicht wichtiger als das

Einpauken trockener Lerngebiete.

Diese Abneigung gegen eine verstaubte Welt von pedantischen Regeln und toten Buchstaben verstärkte sich während seiner Anstellungen zuerst als Lehrling in einem Anwaltsbüro, anschließend als freier Berichterstatter von Doctor's Common, einem 1857 aufgelösten Zusammenschluß Londoner Gerichtshöfe zwischen der St. Pauls-Kathedrale und der Themse. Das Gesetz schien nur den einen Zweck zu verfolgen, seine Opfer in einem Labyrinth von absurden Verordnungen gefangenzuhalten. Der Fall Jarndyce gegen Jarndyce in *Bleak House* ist eine glänzend-bittere Satire auf die Allmacht von Rechtsinstitutionen, die nur noch dem eigenen reibungslosen Funktionieren verantwortlich sind. Um dieser trostlosen Umgebung möglichst bald entfliehen zu können, versenkte sich Dickens in die Geheimnisse von Gurneys Stenografiesystem: *Die verheerende Wirkung einer Schleife am falschen Ort quälte mich nicht nur tagsüber, sondern verfolgte mich bis in den Schlaf.*[25] Die flink erworbenen Fähigkeiten sicherten ihm einen Platz auf der Reportergalerie des Unterhauses, von wo aus er für zwei Zeitungen («The Sun», «Mirror of Parliament») die Parlamentsdebatten aufzeichnete, um sie sodann in rasender Eile noch vor den Konkurrenten in Druck zu geben. *Ich habe*, erinnert sich Dickens 1865 vor Zeitungsleuten, *den Beruf eines Reporters unter Umständen ausgeübt, von denen sich viele meiner modernen Nachfolger keine Vorstellung machen können. Oft habe ich für den Drucker*

Londoner Gefängnis, 1862: Drill und Tretmühle

von meinen stenografischen Notizen wichtige öffentliche Reden transkribiert, die absolute Genauigkeit erforderten und bei denen nur ein einziger Fehler für einen jungen Mann ernsthaft kompromittierend gewesen wäre.[26]

Im Unterhaus erlebte Dickens die großen parlamentarischen Auseinandersetzungen um die Wahlrechtsreform (1832), durch die die gesetzgeberische Einflußsphäre des Industriebürgertums ausgeweitet werden sollte. Aber auch die Debatten über soziale Aufstände im industriellen Norden, die Auswirkungen der Massenarbeitslosigkeit und die Neufassung des Armenrechtes müssen zu jener Zeit von ihm aufmerksam registriert worden sein. Obwohl er schon sehr früh eine heftige Antipathie gegen die Konservativen entwickelt hatte, schien ihm das gesamte (von den Liberalen beherrschte) Parlament eine Stätte veralteter Prozeduren, selbstgefälliger Auftritte und bürokratischer Volksferne zu sein. Der Premier Grey stößt ihn ab *in seiner fischigen Kälte, seiner unsympathischen und teilnahmslosen Höflichkeit, seiner unerträglichen, wenngleich höchst gentlemanhaften Gekünsteltheit* [27]. Und in *Bleak House* (1853) ironisiert er das pompöse Selbstverständ-

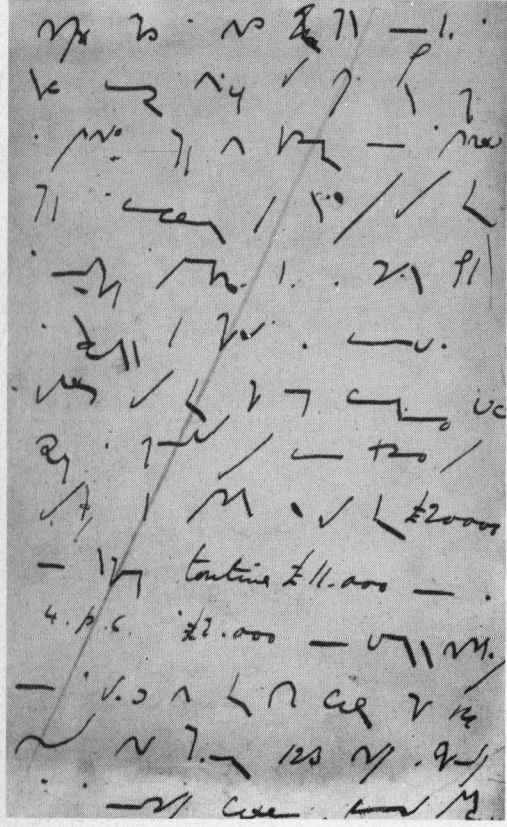

Dickens' Kurzschrift

Doctor's Common

nis der Parteien bei einer Regierungsbildung: *England war seit einigen Wochen in einer schrecklichen Lage. Lord Coodle wollte aus der Regierung raus. Sir Thomas Doodle wollte nicht rein, und da es außer Coodle und Doodle in ganz Großbritannien niemanden von Belang gab, so gab es keine neue Regierung.*[28] Als im Oktober 1834 das alte Parlamentsgebäude abbrannte, versank für Dickens eine nutzlose Tradition in Schutt und Asche.

Seine Verachtung für eine Institution, die die Privilegien der Landbesitzer und Industriellen über die Wohlfahrt des Volkes stellte, hat freilich nie die Form einer revolutionären Parteinahme angenommen. Wohl lastete er es der mangelnden Fürsorge der Mächtigen an, wenn sich die arbeitende Klasse im Chartismus gewaltsam erhob, doch graute ihm vor Umsturz und öffentlicher Unordnung. Sein liberaler Radikalismus ließ ihn die sozialen Übel scharfsichtig erkennen, und er glaubte nicht an ihre Abschaffung durch Gesetze, die doch nur einem unmenschlichen ökonomischem Diktat gehorchen würden. Vielmehr schwebte ihm eine Humanisierung der gesellschaftlichen Verhältnisse vor, die er durch die Kälte und Profitgier der herrschenden Schichten

23

gefährdet sah. Seine Haltung war nicht ohne patriarchalische Züge, so als ob er dem kleinen Jungen, der er einst war, eine geborgenere, freundlichere Welt verschaffen wollte. Die oft ätzende Kritik an der Kinderarbeit, den unerträglichen Wohnverhältnissen, der materiellen Verelendung der breiten Masse und dem ungezügelten Gesetz des Profits ging einher mit einem tiefen Glauben an die Reparatur aller Mißstände durch selbstlose Güte und einem festen Willen zur gegenseitigen Hilfe. Das Parlament gab dafür kaum ein Vorbild ab. Statt dessen hörte er nur leere Worte, die in *David Copperfield* einen desillusionierten Nachhall finden: *Nacht für Nacht schreibe ich Prophezeiungen nieder, die nie eintreffen, Bekenntnisse, nach denen sich niemand richtet, Erklärungen, die nur in die Irre führen sollen. Ich wühle in Worten. Britannia, dieses unglückliche Frauenzimmer, liegt vor mir wie ein zum Braten fertiges Huhn, von Behördenfedern durch und durch gestochen und an Händen und Füßen mit den Stricken der Bürokratie gebunden. Ich sehe weit genug hinter die Kulissen, um den Wert des politischen Lebens zu erkennen. Ich bin darin ein Ungläubiger und werde mich nie bekehren lassen.*[29]

In diese Jahre fällt Dickens' leidenschaftliche Liebe zu Maria Beadnell, der Tochter eines Bankmanagers. Und auch diesmal ist es weit mehr als nur ein Jugenderlebnis, das zwar einige seelische Narben hinterläßt, jedoch nicht noch den Erwachsenen wie eine unüberwindbare Enttäuschung verfolgt. Die Eltern der hübschen, koketten Maria mißtrauten der flammenden Liebe des gerade Neunzehnjährigen, den sie nicht ohne snobistische Gleichgültigkeit mit «Mr. Dickin» anredeten. Das Mädchen wurde nach Paris geschickt, angeblich «um ihre Erziehung zu vervollkommnen». Eine intrigante Freundin spielte böses Schicksal, indem sie ihre Rolle als heimliche Postbotin der beiden Liebenden mißbrauchte, und Maria erteilte Charles ausgerechnet auf der Party zu seinem 21. Geburtstag eine schnippische Abfuhr, als sie ihn einen «kleinen Jungen» nannte. Was sich für ihn als große Liebe dargestellt hatte, war für sie nur ein ausgedehnter Flirt ohne Zukunftsperspektive gewesen. Vier Jahre verlorene Liebesmüh, die umsonst und in gutem Glauben verschenkten Gefühle *hinterließen in mir einen so tiefen Eindruck, daß ich darauf eine Neigung zur Verheimlichung zurückführe, die sich nunmehr in mir eingestellt hat, von der ich weiß, daß sie nicht Teil meines angeborenen Wesens ist, die mich aber zurückhält, meine Gefühle offen zu zeigen, selbst gegenüber meinen Kindern, außer wenn sie noch sehr klein sind*[30]. Dickens wurde kein mißtrauischer Mann, doch das Bild spontaner Zugänglichkeit, das sich seine Zeitgenossen von ihm machten, konnte nicht seine emotionale Reserve und eine gewisse Härte in der Verfolgung privater Ziele verdecken; der gesprächige Erzähler in den Romanen, der komplicenhaft die letzten Geheimnisse seiner Figuren ausplaudert, ist nicht identisch mit der Person des Autors. Nie wieder sollte ihn zuviel Vertrauensseligkeit ins unverdiente Unglück stürzen.

Die Leidtragenden der Affäre sind freilich auch die Leser. In den meisten Romanen Dickens' sind die Frauen entweder idealisierte Geschöpfe – das viktorianische «good girl» als selbstloser Haushaltsengel – oder Karikaturen von Eitelkeit, Skurrilität und Härte. Es sind dies keine Gegensätze, sondern sich ergänzende Spiegelungen einer enttäuschten Hoffnung, derer sich Dickens stets bewußt war. Ähnlich wie Pip in *Große Erwartungen* seine Liebe zur

Der Achtzehnjährige. Gemälde von Janet Barrow, einer Tante des Dichters

attraktiven Estella in Worte der peinvollen Vergeblichkeit faßt, muß auch er seine Leidenschaft für Maria Beadnell und später für Ellen Ternan verstanden haben: *Zu meinem Kummer wurde ich mir oft und oft bewußt, daß ich sie gegen alle Vernunft, gegen alle Voraussicht, gegen Frieden, Hoffnung und Glück, gegen alle erdenkliche Entmutigung liebte. Ich liebte sie nur um so mehr, weil ich das wußte; und dieses Wissen hielt mich sowenig zurück, wie es der fromme Glaube getan hätte, daß sie die menschliche Vollkommenheit selbst sei.*[31]

Frieden, Glück und Ermutigung dem Mann zu schenken, war sicherlich eine typisch viktorianische Definition fraulicher Pflichten, vor allem wenn der Mann eigene Ambitionen verfolgte. Im Hintergrund ehelicher Konventionen stand in Dickens' Leben aber immer auch eine Maria Beadnell. Der Traum von der ersten Liebe war ewig, die erste Liebe selbst freilich vergänglich: Fast 25 Jahre später richtete eine Mrs. Winter, geb. Beadnell, an den gefeierten Autor die Bitte um ein Wiedersehen. Die Briefe der beiden schwelgten in zärtlich-schmerzvollen Erinnerungen, bis Dickens beim Rendezvous nicht mit dem mädchenhaften Idealbild, sondern einer schrecklichen Matrone konfrontiert wurde, die ebenfalls aus einem seiner Romane hätte stammen können. Das Ereignis ist in *Little Dorrit* in der Begegnung Clennams mit seiner Jugendfreundin Flora festgehalten: *Flora, die immer groß gewesen, war nun auch breit und kurzatmig geworden; aber das war noch nichts . . . Flora, die in allem, was sie sagte, etwas Bezauberndes hatte, war langweilig und albern geworden. Das war schon viel. Flora, die ehedem kindlich und ungekünstelt gewesen, war entschlossen, auch jetzt kindlich und ungekünstelt zu sein. Das war ein tödlicher Schlag.*[32]

Als Dickens 1834 die eher melancholisch-müde, ihren Launen zuweilen hilflos ausgelieferte Catherine Hogarth kennenlernte – sie war die Tochter eines schottischen Zeitungsherausgebers und Mitbegründers der Festspiele von Edinburgh –, gestaltete er die Beziehung nach dem konventionellen Rollenverständnis seiner Zeit: Ein ergebener Liebhaber, der seine Gefährtin aber auch mit steifen Vorhaltungen auf den ihr gemäßen Platz in seinem Leben verweist. Catherine, ab 1836 Mrs. Charles Dickens, bleibt als Person nicht zuletzt deshalb so blaß, weil ihre eigene Identität durch den Erfolgsdrang ihres Mannes fast völlig verdeckt wurde. Schon im ersten Ehejahr mußte er sie in einem vorwurfsvollen Brief überzeugen, *daß meine gegenwärtigen Bestrebungen und Mühen nicht eigennütziger sind als meine Freuden mit Dir, und daß Dein künftiges Glück und Wohlergehen ihre Triebfeder ist*[33]. Kates häusliche Disziplinierung war jedoch gerade nicht der Preis für späteres Glück. Denn als der ersehnte Ruhm sich längst eingestellt hatte, sollte ihr Dickens gerade den Mangel an Eigenständigkeit vorhalten, die er selbst schon früh zu unterbinden half.

DER ZWANG ZUM ERFOLG

«LONDONER SKIZZEN» – «DIE PICKWICKIER»

Noch bevor die Verbindung mit Maria Beadnell so unglücklich endete, vereinbarte Dickens mit dem Direktor eines Theaters in Covent Garden einen Vorsprechtermin. Von früh an war er ein begeisterter Bühnenliebhaber gewesen, und hätte ihn nicht eine plötzliche Erkältung am Verlassen des Hauses gehindert, wäre aus ihm vielleicht ein längst vergessener Schauspieler geworden. Das englische Theater im 19. Jahrhundert hatte mit seinen zahllosen Melodramen, Farcen, Burlesken, Pantomimen und operettenhaften Possen keinen geringen Charme, doch innerhalb der «hohen Literatur» hinterließ es eine gewaltige Lücke, die durch andere literarische Formen – vor allem dem Roman – aufgefüllt wurde. Dickens selbst hat mit Stücken wie *Die*

Dorfkokette und *Der sonderbare Gentleman* das Amateurtheater bereichert und manchen Part in Wohltätigkeitsvorstellungen übernommen, einige Male sogar in Anwesenheit von Königin Victoria. Seine öffentlichen Lesungen am Lebensende sind dramatische Wiedererweckungen der eigenen Erfindungen, und es ist bekannt, daß er beim Schreiben der Romane die Dialoge vor einem Spiegel rezitierte, um sich ihrer Wirkung im Leserbewußtsein (der «inneren Bühne») zu versichern. Die großen Personenauftritte in seinen Werken, die melodramatischen Plots und komödienartigen Situationen zeugen für einen Einfluß, der wechselseitig war, denn immer wieder wurden auch Bühnenadaptionen von Romanen wie *Oliver Twist* und *Nicholas Nickleby* eingerichtet. Vielleicht noch mehr als in den überlieferten Soufflierbüchern ist das englische Drama jener Zeit in Dickens' Prosa verewigt, die neben den gängigen Handlungsschemata zugleich deren effektvolle Inszenierung mitliefert.

Als der junge Reporter 1833 zum liberalen, reformfreudigen «Morning Chronicle» überwechselte, sicherte er sich damit ein stetiges, nicht allein von der Dauer der Parlamentssitzungen abhängiges Einkommen. Wenn das Unterhaus pausierte, berichtete er von lokalen Wahlkämpfen in der Provinz. Im «Eatanswill»-Kapitel der *Pickwickier* wird die von ihm beobachtete parteipolitische Polarisierung spöttisch persifliert: *Es scheint, daß jeder einzelne Mann von Eatanswill, überzeugt von dem Gewicht seines Beispiels, sich verpflichtet fühlte, mit Leib und Seele einer der beiden großen Parteien, die das Städtchen in zwei Lager spalteten, anzugehören – nämlich den Blauen oder Braunen (die Farben der Tories und der Whigs) . . . Die Folge davon war, daß es jedesmal zu wortreichen Auseinandersetzungen kam, wenn die Braunen und die Blauen im Rathaus, auf einem Jahrmarkt oder auf dem*

Plakat für eine Bühnenfassung von «Oliver Twist», 1838

Londoner Theater. Von Thomas Rowlandson

Stadtplatz öffentlich zusammentrafen. Überflüssig, anzuführen, daß alles in Eatanswill dieser Zwietracht wegen zu einer Parteifrage wurde ... Es gab Geschäfte für die Blauen und Geschäfte für die Braunen, blaue Gastwirtschaften und braune Gastwirtschaften – sogar eine blaue Abteilung und eine braune Abteilung in der Pfarrkirche.[34]

Der Moment, da Dickens' literarische Laufbahn begann, ist in einer später entstandenen anonymen Federzeichnung festgehalten, deren Grazie die Ängste des Schreibdebütanten nicht wiedergibt. Vor Furcht zitternd habe er eines Winterabends im Jahre 1833 das Manuskript einer literarischen Skizze (*A Sunday Out of Town*) in einen dunklen Briefkasten in einem dunklen

Wahlen in Eatanswill. Illustration von Phiz (Hablôt Knight Brown)

Dickens reicht seine erste literarische Arbeit ein

Büro bei einem dunklen Gäßchen nahe Fleet Street gesteckt [35]. Als der Beitrag unter verändertem Titel (*A Dinner at Poplar Walk*) wenig später im «Monthly Magazine», einer literarischen Zeitschrift von geringer Auflage, erschien, lief Dickens mit der schnell erstandenen Ausgabe zurück nach Westminster: *Meine Augen waren dabei so schwach vor Stolz und Freude, daß sie die Straßen nicht erkennen konnten.* [36] In der Folgezeit steuerte Dickens noch weitere Szenen für das «Magazine» bei und belieferte anschließend den neugegründeten «Evening Chronicle» (Herausgeber: George Hogarth, sein künftiger Schwiegervater) mit einer Serie von Londoner Skizzen, die ihn in Windeseile berühmt machten. Diese Skizzen (sketches) sind eine künstlerische Kleinform besonderer Art: gleichsam in Sprache gefaßte Genrebilder, bei denen das «Typische» einer Situation durch ausschnitthaften Blick auf die Alltagswelt unterstrichen wird – nicht unähnlich dem literarischen Feuilleton. Dickens nannte sie *Sketches by Boz*. Das Pseudonym «Boz» war der kindlichen Aussprache seines kleineren Bruders Augustus entlehnt, der den Vornamen des Moses Primrose aus Goldsmiths «Der Vikar von Wakefield» zu «Boses» verballhornte. Die Familie fand das amüsant: *Boz war für mich zu einem vertrauten Begriff geworden, lange bevor ich zum Autor wurde.*[37]

Im Februar 1836 wurden die Beiträge zu einem Buch zusammengefaßt, das der junge Verleger John Macrone mit Zeichnungen des bereits renommierten Illustrators George Cruikshank herausbrachte. Dickens erhielt 150 Pfund – eine für ihn bis dahin unvorstellbare Summe – und vielversprechende Kritiken. George Hogarth charakterisierte den Autor der *Sketches* als «einen scharfen Beobachter von Personen und Verhaltensweisen, mit einem ausgeprägten Sinn für das Lächerliche und einer plastischen Fähigkeit, die Launen und Torheiten menschlicher Natur auf die schrulligste und amüsanteste Art darzustellen. Auch hat er die Gabe, Tränen wie Gelächter hervorzurufen. Seine Bilder von Laster und Elend, an denen in dieser Riesenstadt kein Mangel ist, vermögen das Herz selbst des sorg- und empfindungslosesten Lesers zu rühren.»[38] Für manchen heutigen Leser mag dies kein uneingeschränktes Lob mehr sein. Er wird vor allem die Genauigkeit und Lebendigkeit von Dickens' journalistisch geübter Beobachtung schätzen – ob nun eine Slumgegend, eine Pantomime auf dem Greenwich-Markt, die Straßen am Morgen und am Abend oder ein Pfandleiherladen beschrieben werden. Einige

Illustration von George Cruikshank

wenige Skizzen schließen in ihrer Mischung aus präziser Realitätswahrneh-mung und phantasievoller Reflexion sogar an die Tradition der englischen Essayliteratur an. Auch fällt es nicht schwer, Themen und Motive der späteren Romane bereits im Frühwerk ausfindig zu machen: *Der Besuch in Newgate* etwa ist ein faszinierendes Beispiel für Dickens' lebenslange Aus-einandersetzung mit Verbrechen, Mord, Sühne und Exekution. Und ist in der folgenden Straßenszene nicht schon der «ganze Dickens» enthalten, der das Elend nicht nüchtern registriert, sondern durch explizite Kommentierung die Leserphantasie zum emotionalen Beteiligtsein aufruft:

Es wurden noch andere Laute vernommen, allein sie sind jetzt verstummt. Dort die unglückliche Frau mit dem Kind auf dem Arm, dessen abgezehrte Glieder sie in die Überbleibsel ihres eigenen dünnen Schals eingehüllt hat, sang ein beliebtes Lied in der Hoffnung, einem mitleidigen Vorübergehen-den einige Pence abzuringen. Ein brutales Gelächter über ihre schwache Stimme ist der ganze Gewinn ihrer Mühe. Die Tränen rinnen dicht und rasch über ihre hohen, bleichen Wangen hinunter, das Kind ist durchkältet und hungrig, und sein leises, halb ersticktes Wimmern verschärft das Leiden seiner gequälten Mutter, indem sie laut ächzend und verzweiflungsvoll auf eine kalte, feuchte Türschwelle niedersinkt.

Singen! Wie wenige von denen, die an einer so Jammerbeladenen vor-übergehen, denken an die Herzensangst und Pein, die bittere Seelenqual, die allein schon durch die Anstrengung des Singens erzeugt wird. Welch ein grausamer Spott und Hohn, wenn Krankheit, Verlassenheit und Hunger die Worte des munteren Liedes kaum vernehmlich vorbringend, das in deinen fröhlichen Stunden, Gott weiß, wie oft, deine Lust noch erhöht hat! Es ist kein Gegenstand zum Lachen. Die schwache, bebende Stimme erzählt eine schaurige Geschichte von Entbehrung und Verkümmerung, und die un-glückliche Sängerin des Jubelliedes schweigt vielleicht, weil sie erfriert oder verhungert.[39]

Dort freilich, wo Dickens der Kraft und Schärfe seiner Beobachtung nicht vertraut und statt dessen «Handlung» erzeugen will, werden auch die Kehr-seiten jugendlicher Schreibsouveränität deutlich. Die Vorliebe für klischee-hafte Farcenelemente, wenn Schwiegermütter, Matronen, reiche Schürzen-jäger, mißtrauische Jungfern und junge Gecken mit ins Spiel kommen, hinterläßt den Eindruck einer vorgetäuschten Selbstsicherheit, die sich erst auf krude Weise bestätigen muß. Angus Wilson spricht vom «Humor des viktorianischen ‹Punch›, und zwar von der schlimmsten Sorte»[40]. Der Erfolg scheint zuweilen allzu leicht mit einer Anpassung an gängige Konventionen der «niederen Komödie» und einer herablassend-kichernden Haltung gegen-über den beschriebenen Personen erkauft zu sein. Dickens hat das später durchaus erkannt, und bereits sein zweites Buch, *Die Pickwickier*, beweist eine viel glücklichere Balance zwischen publikumswirksamer Komik und ungezwungener Lust an der Beobachtung, so daß von einem künstlerischen Fortschritt binnen kürzester Zeit zu sprechen ist.

Die Entstehungsgeschichte der *Pickwickier* hatte für Dickens' Arbeits- und Veröffentlichungsweise kaum zu unterschätzende Folgen. Die beiden Verle-ger Edward Chapman und William Hall beabsichtigen die Herausgabe einer Reihe von Sportkarikaturen, für die sie den Illustrator Robert Seymour engagiert hatten. Für die humoristischen Begleittexte war Dickens vorgese-

Armenviertel in London. Illustration von Gustave Doré

Der junge Dickens, umgeben von Pickwick-Gestalten

hen. In Mr. Hall erkannte er zufällig jenen Mann wieder, der ihm über die
Ladentheke das «Monthly Magazine» mit seinem ersten literarischen Beitrag
verkauft hatte. Die Serie sollte allmonatlich in insgesamt zwanzig Folgen
(zum Preis von je einem Shilling) erscheinen. Der Verlag verdiente somit an
den Einzelheften wie auch an dem Buch, das im Anschluß vorgesehen war.
Dickens' Freunde sprachen abschätzig von einer *minderwertigen, billigen
Veröffentlichungsform, mit der ich bald alle meine Hoffnungen begraben
könnte* [41]. Seit Sir Walter Scott veröffentlichte ein Autor, der auf sich hielt,
seine Romane in drei Bänden (allein der Leihbüchereien wegen), doch nicht
in monatlichen «shilling numbers», die von fliegenden Händlern vertrieben
wurden. Dickens, der anfangs seine Mitarbeit sicherlich mehr unter journali-

stischem Aspekt sah, teilte diese Bedenken gegen Konsum- und Massenliteratur keineswegs. Sein erwachter Sinn für Publizität, aber auch seine Weigerung, sich auf eine bestimmte Leserschicht festzulegen, verboten ihm allzu große Skrupel in der Wahl der Mittel. Der Form der «serialization», das heißt einer Veröffentlichung in Fortsetzungen, blieb er sein Leben lang treu, trotz zuweilen ungeahnten Schreibdrucks. Aus der Not, einen Roman nicht vom Ende her nochmals umgestalten zu können, machte er freilich eine Tugend. Die ihm abgeforderte Improvisation half ihm, die Bedürfnisse der Leser – die er an den steigenden oder sinkenden Verkaufseinnahmen ablas – noch während der Abfassung seiner Werke zu berücksichtigen. So entwickelte er einen Kontakt zum Publikum, der zwar auch von kalten Zahlen diktiert war, ihm aber zugleich das Gefühl eines indirekten Dialogs mit seinen Rezipienten gab; die professionelle Kritik, die vom Schlußeindruck ihre wertet, hatte das Sagen erst im nachhinein. Hier ähnelte Dickens durchaus einem Schauspieler, der mitten im Spiel an den Reaktionen seiner Zuschauer abliest, ob er «ankommt» oder seine Interpretation der Rolle aus dem Stegreif ändern muß. Als etwa der Verkauf der ersten Folgen von *Martin Chuzzlewit* drastisch zurückging, schickte er seinen Titelhelden kurzerhand nach Amerika, eingedenk der großen Aufmerksamkeit, die sein eigener Amerika-Besuch hervorgerufen hatte. Der von ihm ursprünglich beabsichtigte tragische Schluß von *Große Erwartungen* (Pip heiratet Estella nicht) wurde auf Anraten Bulwer-Lyttons in ein Happy-End umgewandelt, weil die Zeitgenossen vom düsteren Ausgang der Geschichte zu sehr schockiert gewesen wären und Dickens unter Umständen die Treue aufgesagt hätten. Gerne las er Freunden aus soeben entstandenen Kapiteln vor und prüfte, wie sie sich die mögliche Fortsetzung der Handlung vorstellten. So auch im Fall von *Dombey und Sohn: Die alte Mrs. Marcet, die teuflisch scharfsinnig ist, hat richtig erraten (aber ich sagte ihr nicht, daß sie recht hatte), daß Paul sterben würde.*[42] Nur seinem Freund John Forster vertraute er sich an, als Dora in *David Copperfield* zu sterben hatte: *Was Dora betrifft*, schrieb er an ihn, *MUSS ich mich heute entscheiden.*[43] Eine tatsächliche Begebenheit zeigt auf, wie sich die Gestaltung einer Nebenfigur auf Grund der Intervention einer Leserzuschrift ändern konnte. Eine zwergenhafte Maniküre namens Mrs. Seymour Hill beklagte sich bei Dickens, daß ihre physische Erscheinung in der Gestalt von Miss Mowcher, der Schönheitsspezialistin in *David Copperfield*, nur in ihren grotesk-abstoßenden Zügen wiedergegeben sei. «Ich habe lang und heftig unter meiner persönlichen Verunstaltung gelitten», schrieb sie, «aber nie zuvor seitens eines so hochbegabten Mannes wie Charles Dickens. Nun haben Sie mich nachts des Schlafs beraubt und mein Tagewerk mit Tränen gefüllt.»[44] Dickens entschuldigte sich nicht nur, sondern versprach, den Charakter in den nächsten Folgen so zu ändern, *daß der Leser ihn in freudiger Erinnerung behalten würde*[45].

Es wurde oft beklagt, daß die «Serialisation» für die Schwächen der Szenenverknüpfung verantwortlich sei; im Grunde bestünden seine Werke aus aneinandergereihten Episoden. Dies ist nur bedingt richtig. Die lockere Konstruktion der frühen Romane weicht später einer sehr genau durchgeplanten Strukturierung, die Dickens als exzellenten Erzähltechniker ausweist. Auch die Vermutung, jede Einzelnummer ende mit einem Spannungselement, das den Leser zum Kauf der folgenden Ausgabe animieren sollte, ist bei genaue-

Hablôt Knight Brown («Phiz»)

rer Analyse der Romane widerlegbar. Dickens machte sich zwar von seinem Publikum abhängig, doch er schätzte es nicht niedrig ein.

Der Start der *Pickwickier* war denkbar unglücklich. Zunächst hatte Dickens nicht viel mit Sport im Sinn, der ja die Motive für Seymours Illustrationen liefern sollte: *Ich war dagegen, denn obgleich ich auf dem Land geboren und zum Teil aufgewachsen bin, war ich nie ein großer Sportler, außer in allen Arten der Fortbewegung* (eine Anspielung auf seine regelmäßigen Langstreckenläufe).[46] Bald sollten die Texte nicht mehr die Bilder begleiten, sondern die Bilder aus den Texten hervorgehen. Schon die melodramatische Einlage in der zweiten Folge (*Die Erzählung des wandernden Schauspielers*) verärgerte Seymour, dessen eigenes Konzept vom ehrgeizigen Mitarbeiter so offenkundig mißachtet wurde. Die Verkaufszahlen der ersten beiden Nummern sanken überdies von 400 auf 50. Dickens hatte Mr. Pickwick als burleske Figur mit Glatze, Brille, einer knappsitzenden Hose und Gamaschen ausgestattet, Seymour zeichnete einen dünnen, gelehrsam blickenden Mann. Chapman protestierte: «Humor und Fleisch haben seit Falstaff schon immer gut zusammengepaßt» und beschrieb Pickwick als «fetten, alten Beau»[47]. Seymour fügte sich, doch als sich die Sportgeschichte immer mehr verlor und Dickens grundlegende Änderungen verlangte – *Die Möbel haben Sie bewundernswert gezeichnet*, schrieb er in perfidem Lob, nachdem er alles andere kritisiert hatte[48] –, jagte sich der verzweifelte Illustrator eine Kugel durch den Mund.

Ein neuer Zeichner mußte gefunden werden. Neben anderen bewarb sich auch ein gewisser William Makepeace Thackeray, der später zum größten Rivalen Dickens' auf dem Gebiet des Romans aufsteigen sollte. Ihm wurde jedoch der einundzwanzigjährige Hablôt Knight Brown vorgezogen. «Phiz», wie er sich nannte, lieferte mit wenigen Ausnahmen zwei Jahrzehnte lang die Abbildungen zu den Romanen. Ohne ihn wären die Gestalten und Situationen, so anschaulich sie auch beschrieben sind, nicht halb so gegenwärtig im Gedächtnis vieler Leser. Es sind lebendige, sehr detailfreudige Illustrationen, die immer ein wenig zwischen Skurrilität, Komik und untergründigem Schrecken schwanken. Cruikshank, vielleicht ein besserer Techniker als Phiz, konnte meisterhaft die düsteren Szenen in *Oliver Twist* erfassen, und der junge Luke Fildes bannte die Herbststimmung von *Das Geheimnis des Edwin Drood* in sensible Bilder einer leicht resignativen Traurigkeit. Doch allein Phiz fand einen kongenialen Weg, die Vielschichtigkeit von Beschreibungselementen in einem einzigen, oft karikaturartig erscheinendem Bild zu vereinen. Dies mag – neben seiner Loyalität und Geduld – auch ein Grund gewesen sein, warum er so viele und unterschiedliche Werke von Dickens mit seinem Stift illustrieren konnte.

Während die ersten Kritiken der *Pickwickier* noch von einer «erschöpften Spaßigkeit»[49] schrieben, stiegen die Verkaufszahlen der vierten und vor allem der fünften Nummer sprunghaft an, bis sie am Ende der Serie jeweils eine Höhe von 40000 erreichten. *PICKWICK TRIUMPHIERT*, schrieb Dickens erregt an Macrone.[50] Dieser atemberaubende Erfolg ist nicht zuletzt dem Kammerdiener Sam Weller zu verdanken, den Dickens in die Erzählung einführte. Jedem Don Quijote ein Sancho Pansa: das Gespann Pickwick–Weller eroberte die Leser, die im gutmütigen Herr-und-Knecht-Verhältnis ein mythenschaffendes Wunschbild entdeckten.

Sollte ich hundert Jahre leben und jährlich drei Romane schreiben, wäre ich dennoch nie so stolz wie auf Pickwick, denn ich bin sicher, daß er sich selbständig gemacht hat, und ich hoffe, daß er – lange nachdem meine Hand vertrocknet ist wie die Feder, die sie gehalten hat – mit manch einem besseren Buch noch auf vielen verstaubten Regalen stehen wird.[51] In der Tat sind Pickwick und seine Clubfreunde zu Gestalten von nationaler Berühmtheit geworden. Eine ganze Pickwick-Industrie nahm sich ihrer an, die den Appell ans humorvolle Gemüt geschickt vermarktete, und in der Nachfolge des Buches sollten noch unzählige Plagiate, Parodien, unautorisierte Bühnenbearbeitungen und Fortsetzungen entstehen. Mit fünfundzwanzig war Dickens der erfolgreichste Autor einer Generation, die die Epoche eines Sir Walter Scott abzulösen bereit war.

Ich werde niemals bedauern, beteuert Mr. Pickwick mit feuchten Augen am Ende seiner Reiseabenteuer, *zwei Jahre zum größeren Teil darauf ver-*

Pickwick-Reklame für Streichhölzer

wandt zu haben, mit allen möglichen Menschen in Berührung zu kommen, so frivol vielen mein Eifer erscheinen mag, immer wieder etwas Neues sehen zu wollen. Da mein früheres Leben fast nur der Arbeit und dem Zweck gewidmet war, ein kleines Vermögen zu verdienen, so ist mir die Mannigfaltigkeit der Welt, von der ich früher keinen Begriff hatte, erst jetzt zum Bewußtsein gekommen – zur Vergrößerung meines Wissens, wie ich hoffe, und zu meinem besseren Verständnis. Wenn ich auch nur wenig Gutes getan habe, so hoffe ich doch zuversichtlich, noch weniger Böses gestiftet zu haben, und ich baue darauf, daß mir für den Rest meines Lebens jedes einzelne Abenteuer eine Quelle vergnüglicher und angenehmer Erinnerung sein wird. Gott möge Sie alle segnen! [52] Diese Worte charakterisieren den Tenor des gesamten Romans. Der korpulente Junggeselle Mr. Pickwick, eine Figur der Güte und Großherzigkeit, hat sich im Ruhestand jenen pikaresken Abenteuern ausgesetzt, die sonst nur jüngere Helden zu bestehen hatten. Das macht ihn zugleich komisch und unwiderstehlich. Er rettet in Bedrängnis geratene Jungfrauen, stellt sich in heroischer Ungeschicktheit finsteren Schurken entgegen und vermag selbst Schwindler durch das Beispiel seiner unbeugsamen Freundlichkeit zu ehrlichen Menschen zu machen. Diese volkstümliche Märchengestalt verkörpert einen naiven Mythos von strahlender, wenn auch ältlicher Unschuld – *ein regelrechter und ausgewachsener Engel*, wie ihn Sam Weller beschreibt.[53] Doch der vielgerühmte philosophisch-optimistische Humor der *Pickwickier* hätte ohne realistische Beschreibungselemente kaum jene «umwerfende» Wirkung beim zeitgenössischen Lesepublikum hervorgerufen. Mr. Pickwick und seine Gefährten Tupman, Winkle und Snodgrass bewegen sich nämlich durch ein England, das neben einer friedlich-lebensfrohen auch eine weniger erfreuliche Welt beherbergt: Armut, Unwissenheit, Bosheit, Vorurteil, Unrecht und Betrug sind im Roman (vor allem im zweiten Teil) stets gegenwärtig und treffen selbst Mr. Pickwick, der nach den getäuschten Heiratserwartungen der Witwe Bardnell in die Schlingen des Gesetzes gerät und unschuldig im Fleet-Schuldgefängnis landet. Wenn jedoch im Bewußtsein Pickwicks und des Lesers die Abenteuer *einer Quelle vergnüglicher und angenehmer Erinnerung* bleiben, so liegt dies gerade daran, daß die realistischen Details von einem umfassend-heiteren Weltverständnis überlagert werden. Die schier unbegrenzte Freundlichkeit des Helden bewährt sich in einer Erzähllandschaft, die ebenfalls keine Grenzen zu kennen scheint: «. . . . ein Geflecht von weißen Landstraßen, eine Landkarte voll von bizarren Städten, donnernden Postkutschen, lauten Marktplätzen, lärmerfüllten Gaststätten, seltsamen und schwadronierenden Figuren» (G. K. Chesterton).[54] Hoch über dieser Pickwick-Welt steht der gutgelaunte Erzähler – ein Kritiker nennt ihn einen «äußerst netten Mann»[55] –, der die Fäden hält und dafür sorgt, daß die Verwirrungen sich immer wieder auflösen, auch wenn seine Puppen hierbei komische Verrenkungen machen.

Es ließen sich viele Erklärungen anführen, warum *Die Pickwickier* zu einem Hauptwerk humoristischer Literatur werden konnte. Schwieriger ist es, Dickens' souveräne Handhabung einer ausgeprägt komischen Erzählgabe einzig aus seinen Lebens- und Lektüreerfahrungen zu begründen. Zu seinem Ehrgeiz gesellten sich ein untrügliches Gespür für Lesererwartungen und eine eiserne Schreibdisziplin, über die der hochgestimmte Tonfall im Roman leicht hinwegtäuschen kann. Nun konnte er auch endlich beim «Morning Chronicle» kündigen, dessen Herausgeber Easthope er nach einem Streit über noch zu erbringende Leistungen einen schneidend scharfen Abschiedsbrief schrieb: *Seien Sie sicher, Sir, daß, wenn Sie jene Mitarbeiter zu Anstrengungen ermutigen wollen, die jenseits ihrer üblichen Routineverpflichtungen liegen, dies nicht der richtige Weg dazu ist.*[56] Mit dem Verleger Richard Bentley kam er im November 1836 überein, eine neue Zeitschrift, «Bentley's Miscellany», herauszugeben, die eine bunte Mischung aus humoristischen Erzählungen, melodramatischen Einlagen, biographischen Skizzen und Abenteuergeschichten präsentieren sollte. Dickens verpflichtete sich, selbst monatlich sechzehn Seiten beizusteuern, was sein Herausgeberhonorar von 20 Pfund um das Doppelte erhöhte. Außerdem würde er seine nächsten beiden Romane Bentley für je 500 Pfund überlassen, ungeachtet seines Vertrags mit Chapman & Hall. Bentley ahnte noch nicht, daß ihm in

Dickens, 25 Jahre alt. Zeichnung von Samuel Laurence, 1837

Dickens ein harter Gegenspieler bei vertraglichen Abmachungen erwachsen war, obgleich er durch einige Briefe zu Beginn ihrer Bekanntschaft vorgewarnt hätte sein können. *Vergessen Sie nicht,* heißt es in einem, *daß Sie nicht mit einem gänzlich unbekannten Autor verhandeln* [57], und ein andermal: *Ich verhielt mich aus Absicht sehr ruhig. Seit ich ein erfolgreicher Autor bin, habe ich gemerkt, wieviel Mißgunst und Eifersucht herrschen, und ich habe ein ausgezeichnetes Wesen als ruhiger, bescheidener Bursche angenommen. Ich gebe gern eine Tugend vor, obwohl ich sie nicht besitze.* [58] Als jedoch der Erfolg alle noch so hohen Erwartungen übertraf, sollte Dickens die Tugend der Bescheidenheit als Sackgasse auf dem Weg in die finanzielle Unabhängigkeit empfinden. Der erste, aber nicht letzte Streit mit einem Verleger um die angemessene Beteiligung des Autors an den Gewinnen war durch die Langfristigkeit seines Vertrags mit Bentley bereits vorprogrammiert.

Mit der literarischen Anerkennung kamen die sehr englischen Ehren der Clubaufnahme. 1837 wurde Dickens in den Garrick Club, ein Jahr später in den Athenaeum Club gewählt, in denen er mit bekannten Künstlern, Gelehrten, Wissenschaftlern und Staatsmännern verkehrte. Nach der Geburt eines Sohnes, dem ersten von zehn Kindern innerhalb von fünfzehn Jahren, zog die Familie in ein geräumiges, dreistöckiges Haus in Doughty Street (im Stadtteil Bloomsbury), wo sich heute ein reich ausgestattetes Dickens-Museum befindet. Zu den Mitbewohnern gehörte neben Dickens' jüngerem Bruder Fred

Reklame für «Bentley's Miscellany» von Phiz

Extraordinary Gazette.

SPEECH OF HIS MIGHTINESS

ON OPENING THE SECOND NUMBER

OF

BENTLEY'S MISCELLANY,

EDITED BY "BOZ."

On Wednesday, the first of February, "the House" (of Bentley) met for the despatch of business, in pursuance of the Proclamation inserted by authority in all the Morning, Evening, and Weekly Papers, appointing that day for the publication of the Second Number of the Miscellany, edited by "Boz."

auch Kates siebzehnjährige Schwester Mary Hogarth, *die Zierde und Seele unseres Heims*[59]. Daß ein unverheiratetes Mädchen sich seinen nächsten Verwandten anschloß, war zu jener Zeit nichts Ungewöhnliches. Die Bewunderung jedoch, die es dem berühmten Schwager zollte, wurde von ihm mit einer glühenden Verehrung beantwortet, wie sie seine Frau zu keiner Zeit erfahren hatte. Sicherlich war es nicht mehr als eine überschwengliche Freundschaft für eine unschuldig-heitere und überdies sehr hübsche Wohngefährtin. Aber gerade weil dieser Freundschaft eine vertrautere Beziehung verwehrt war, konnte die unerreichbare Mary zum Gegenstand einer heftigen Idealisierung werden, ohne daß zwischen den Ehepartnern Argwohn und Eifersucht aufkamen.

Eines Abends im Mai 1837, nach unbeschwerter Heimkehr vom gemeinsamen Theaterbesuch, starb Mary völlig unerwartet. *Sie starb in solch ruhigem und sanftem Schlaf, daß – obwohl ich sie schon einige Zeit vorher in den Armen hielt, als sie mit Sicherheit noch lebte –, ich ihren leblosen Körper auch noch weiter stützte, lange nachdem ihre Seele in den Himmel aufgestiegen war.*[60] Die Trauer war grenzenlos: Die monatlichen Fortsetzungen seiner Romane *Die Pickwickier* und *Oliver Twist*, an denen er zu gleicher Zeit schrieb, konnten nicht erscheinen, und obgleich er für *Oliver Twist* mit dem Tod von Rose Maylie ein tränenreiches Ende vorgesehen hatte, fand er es zunächst unmöglich, ein junges, unerfahrenes Mädchen für Erzählzwecke sterben zu lassen. *Ich habe die liebste Freundin verloren, die ich je besaß,* schrieb er über seine Schwägerin. *Worte können nicht den Stolz und die hingebungsvolle Anhänglichkeit ihr gegenüber ausdrücken . . . Sie hatte keinen einzigen Fehler.*[61] Er kaufte Marys Grab in der Absicht, eines Tages neben ihr zu liegen. Noch Jahre später erschien sie in seinen Träumen.

Die Erinnerung an Mary beherrschte seine Phantasie am schmerzlichsten, als er in *Der Raritätenladen* Leben und Tod von Little Nell schilderte. Immer wieder verschob er den traurigen Höhepunkt, und als eines Tages der Roman doch enden mußte, klagte er gegenüber John Forster: *Ich bin der Unglücklichste aller Unglücklichen . . . Es quält mich derart, daß ich meinen Kummer überhaupt nicht beschreiben kann. Alte Wunden bluten von neuem, wenn ich nur überlege, wie ich es ausführen soll . . . Die liebe Mary starb erst gestern, wenn ich an diese traurige Geschichte denke.*[62] Stets treten in Dickens' Romanen Mädchenfiguren auf, deren überirdische Reinheit und heroische Tugendhaftigkeit an Mary gemahnen: Florence Dombey, Agnes in *David Copperfield*, Ada Clare in *Bleak House*, die kleine Dorrit. Und ebenso häufig sind Jugend und Unschuld zum Tod verurteilt: Smike (*Nicholas Nickleby*), Little Nell, Paul Dombey und Jo der Straßenfeger (*Bleak House*). Hier trifft sich freilich Dickens' persönliche Obsession mit versteckten Wunschbildern seiner Zeit. Die Verehrung, die dem Kind – vor allem kleinen Mädchen – zuteil wurde, war ja auch Ausdruck eines schlechten Gewissens, das sich nicht nur angesichts der tatsächlichen ökonomischen und auch sexuellen Ausbeutung von Kindern regte. Denn dort, wo eine Gesellschaft intuitiv spürt, daß ihr «erwachsenes» Realitätsdenken sie selbst mit Schuld belädt, wird sie mit nostalgischer Sentimentalität auf die kindliche Unschuld herabblicken. Da aber auch dem heranwachsenden Kind Scham und Schuldgefühle nicht erspart bleiben werden, mischt sich bei seinem Tod in den Schmerz über begrabene Hoffnungen zugleich die Erleichterung über das

Nr. 48, Doughty Street, heute Sitz der Dickens Fellowship

unversehrte Ideal. Dickens hat, bewegt von eigenen Erfahrungen, im viktorianischen Leser viel komplexere Gefühle beim Sterben seiner jugendlichen Helden ausgelöst, als der heutige Vorwurf spekulativer Rührseligkeit erahnen läßt. So ist auch das Fehlen von Anspielungen auf den sexuellen Bereich nicht allein von Konventionen und der Rücksicht auf ein noch unerfahrenes Publikum diktiert. Denn letztlich beschäftigt die Phantasie gerade jene Vereinigung am dauerhaftesten, die nie vollzogen wurde. Mrs. Dickens konnte dem Vergleich mit ihrer idealisierten Schwester schon deshalb nicht standhalten, weil sie verheiratet war, Kinder trug und alterte. Der Mythos von der Unschuld, die im Tod ihre höchste Erfüllung findet, war nur ein schwacher Trost für jene, die am Leben blieben.

45

DER UMWORBENE LESER

Mit der elften Nummer der *Pickwickier* begann Dickens die parallele Veröffentlichung seines zweiten Romans *Oliver Twist*, vor dessen Vollendung bereits die ersten Kapitel von *Nicholas Nickleby* erschienen. Leser, die geglaubt hatten, der Autor würde die sonnige Heiterkeit der Pickwick-Welt nie mehr verlassen, sahen sich bei *Oliver Twist* mit einer düsteren, schattenhaften Atmosphäre konfrontiert. Statt eines ländlichen Postkutschen-Englands und der humorvollen Verklärung vergangener Lebensformen lieferte der neue Roman die Beschreibung von Armenhäusern und Verbrecherslums sowie eine grimmige Verurteilung sozialer Mißstände. Der gefällige Spott war einer bitteren Ironie, zuweilen einer sarkastischen Rhetorik gewichen, die sich gegen eine gleichgültige, klassenbewußte Gesellschaft zu richten schien. Vertreter höherer Stände sahen schon im dargestellten Milieu eine Zumutung. «Ich weiß», bemerkte Lady Carlisle, «daß es so unglückselige Geschöpfe wie Taschendiebe und Straßendirnen gibt . . . aber ich gebe zu, daß ich nicht sehr erpicht bin, zu hören, was sie einander zu sagen haben.»[63] Königin Victoria, überraschend aufgeschlossen, zitiert in ihrem Tagebuch den amtierenden Premierminister Lord Melbourne: «‹Es handelt unter Arbeitshäusern, Sargmachern und Taschendieben›, sagte er; ‹ich mag diese niedrige, entwürdigende Sicht der Menschheit nicht.› Wir verteidigen *Oliver* sehr, doch vergeblich. ‹Ich mag einfach diese Dinge nicht; ich möchte ihnen aus dem Wege gehen; ich mag sie nicht in der Wirklichkeit, und deshalb mag ich sie auch nicht dargestellt sehen›, fuhr er fort; alles, was man liest, sollte rein und erhebend sein. Schiller und Goethe wären über solche Dinge schockiert gewesen, fügte er hinzu.»[64]

Bahnbrechend war an Dickens' Werk vor allem, daß es das Verbrechermilieu nicht mehr wie die Newgate-Romane (so benannt nach dem Londoner Gefängnis) aus einer romantisierenden «Bettleroper»-Perspektive beschrieb, auch wenn es sich noch zahlreicher Kolportageelemente bediente. Mit *Oliver Twist* schien eine neue Form der literarischen Wirklichkeitserfassung geboren zu sein, die nicht vor der getreuen Darstellung niedriger Bereiche und abstoßender Gegenstände zurückschreckte. Und doch wäre es falsch, darin den Grund für den begeisterten Zuspruch zu sehen, den *Oliver Twist* beim breiten viktorianischen Publikum erfuhr. Denn auch dieser Roman ist, wie die *Pickwickier*, letztlich ein Märchen, eines mit zeitgenössischem Realismusanspruch freilich, der sich mit dem Märchenschema von Gut und Böse nur schlecht verträgt.

Die Geschichte des Waisenknaben Oliver, der im Armenhaus aufwächst, von seinem brutalen Lehrherrn (einem Leichenbestatter) nach London flieht, dort zu einer Bande jugendlicher Taschendiebe unter dem jüdischen Hehler Fagin stößt und am glücklichen Ende vom gütigen Mr. Brownlow, einem Freund seines verstorbenen Vaters, adoptiert wird, hat zum Untertitel «*The Parish Boy's Progress*» («Der Weg eines Fürsorgezöglings»). Dieses Echo auf John Bunyans allegorisches Erbauungsbuch «The Pilgrim's Progress» (1678–84) ist nicht zufällig. *Oliver Twist* hat im ersten Teil die Kraft einer volkstüm-

Dickens mit Kate und Mary. Zeichnung von Maclise

lichen Parabel, die mehr auf eine symbolhafte Darstellung als auf ein realistisches Abbild angelegt ist. Dickens' These bestand darin, daß die gnadenlose Brutalität, mit der die Gesetze Armut als ein Verbrechen behandelten, die Kriminalität in den untersten Schichten erst recht förderte. Zentral verwaltete Armenhäuser, die die öffentlichen Fürsorgekosten drastisch senken halfen, waren nicht nur Stätten größter Not und physischer Entbehrung, sondern auch dazu geeignet, gerade jüngere Menschen reif für das «sich selbst versorgende» Lumpenproletariat zu machen. Das Problem des Pauperismus erledigte sich unter dem Aspekt der ökonomischen Rationalisierung; die Resultate dieses häßlichen Systems konnten dann dem Henker überantwortet werden. Dickens übergießt die ausführenden Organe im Armenhaus mit beißendem Spott: *Die Mitglieder des Armenrates waren weise, einsichtsvolle, kluge Männer* (im Original: *philosophical men*, ein höhnisch gebrauchtes Synonym für die politischen Ökonomen), *und als sie das Armenhaus ins Auge faßten, erkannten sie alsbald, was Durchschnittsmenschen nie entdeckt hätten: daß es den Armen darin sehr gut gefiel ... Sie setzten daher fest, daß alle Armen die Wahl haben sollten – denn zwingen wollten sie gewiß keinen –, nach und nach im Haus oder außer Haus zu verhungern. Zu diesem Zweck vereinbarten sie mit den Wasserwerken, daß sie unbegrenzt Wasser abgäben, und mit einem Getreidehändler, daß er von Zeit zu Zeit kleine Mengen Hafermehl liefere, und verteilten dreimal täglich dünne Hafergrütze, zweimal wöchentlich mit einer Zwiebel und sonntags mit einem halben Wecken.*[65] Selbst der Büttel Bumble, eine Ausgeburt von Selbstgerechtigkeit und blinder Systemgläubigkeit, zeigt eine «unbumblehafte» Regung, die der Autor sogleich mit ironischer Emphase kommentiert: «*Komm, Oliver, wisch dir die Tränen mit dem Rockärmel ab und laß sie nicht in deine Hafersuppe fallen; das wäre einfältig, Oliver.» Das war es allerdings, denn die Suppe war ohnehin schon wäßrig genug.*[66]

Der Roman beschränkt sich weder darauf, eine quasidokumentarische Darstellung der Folgen eines inhumanen Armengesetzes zu liefern, noch erzählt er die Geschichte eines Einzelschicksals. Denn Oliver steht stellvertretend für alle armen und hungrigen Kinder, Bumble ist ein Prototyp für die menschenverachtende Borniertheit aller Büttel und der Armenrat eine Verkörperung jeglicher anonymer Körperschaften, die das System der Ausbeutung erst funktionsfähig machen. Die Episode, in der Oliver wider alle Regel um mehr Essen bittet, ist schon deshalb zu einem Volksmythos selbst für die geworden, die sonst von Dickens nie etwas gelesen haben, weil darin Entscheidenderes auf dem Spiel steht als das individuelle Leid einer Romanfigur. Wie die Reaktionen der offiziellen Armenhausvertreter zeigen, handelt es sich um das Aussprechen des gewöhnlich Unaussprechbaren: daß nämlich die Unterdrückten Stimme und Anspruch haben gegenüber den Mächtigen, die schon in Olivers bescheidener Bitte eine unerhörte Auflehnung gegen die Entscheidungsgewalt der Obrigkeit erblicken. Hier das Kernstück des Kapitels:

Obwohl er noch ein rechtes Kind war, machte ihn doch der Hunger verwegen und das Elend tollkühn. Er stand vom Tisch auf, trat mit Napf und Löffel in der Hand vor den Aufseher und sagte, freilich selbst von seiner Vermessenheit beunruhigt: «Sir, ich will noch mehr.»

Der Aufseher war ein wohlgenährter, rotbackiger Mann; aber er wurde ganz blaß, blickte einige Sekunden mit starrem Entsetzen auf den kleinen Anführer und klammerte sich dann Halt suchend an den Kessel. Die Mägde waren von Erstaunen, die Jungen von Furcht gelähmt.

«Was?» fragte der Hausmeister endlich mit schwacher Stimme.

«Bitte, Sir», wiederholte Oliver, «noch etwas mehr.»

Der Aufseher führte mit seinem Löffel einen Hieb nach Olivers Kopf, ergriff ihn mit den Händen und rief laut nach dem Büttel.

Der Verwaltungsrat hielt eben feierliche Sitzung, als Mr. Bumble in

«Bitte, Sir, noch etwas mehr!» Illustration von George Cruikshank

großer Aufregung ins Zimmer stürzte und sich an den Herrn im hohen Lehnstuhl wandte: «Verzeihung, Mr. Limbkins! – Oliver Twist hat mehr begehrt!»

Alles war starr, Entsetzen malte sich auf jedem Gesicht.

«Mehr begehrt?» sagte Mr. Limbkins. «Nehmt Euch zusammen, Bumble, und antwortet mir deutlich. Muß ich das so verstehen, daß er noch mehr verlangte, nachdem er seinen vorschriftsmäßigen Anteil aufgezehrt hatte?»

Oliver wird Fagin vorgestellt. Illustration von George Cruikshank

«Ja, Sir», erwiderte Bumble.

«Der Bursche endet am Galgen», sagte der Herr in der weißen Weste, «denkt an mich, der Bursche endet am Galgen.»

Niemand widersprach dieser Prophezeiung. Eine lebhafte Aussprache folgte. Oliver ward augenblicklich eingesperrt.[67]

Auch Olivers Aufnahme in die Verbrecherwelt ist von allgemeiner Aussageträchtigkeit. Nachdem die Gesellschaft ihn in Elend, Hunger und Entwürdigung getrieben hat, findet er Gemeinschaft, Nahrung und eine (wenn auch kriminelle) Erziehung gerade bei jenen, die aus dieser Gesellschaft ausgeschlossen sind. In der Beschreibung der Bande spielt Dickens meisterhaft mit den Emotionen des Lesers: in die verzweifelte Heiterkeit, die vor allem die

Figur des gerissen-schlagfertigen Artful Dodger auslöst, mischt sich der Abscheu vor der Brutalität eines Sikes, dessen Mord an Nancy und anschließende Flucht zu den Höhepunkten des Romans gehören. Beherrscht wird die Gang von dem Juden Fagin, dem *fröhlichen alten Gentleman*, der in seiner finsteren Freundlichkeit wie eine Verhöhnung des wohltätigen Arbeitgebers wirkt. Daß die Klischeefiguren, die dem zeitgenössischen Melodram entsprungen zu sein scheinen, dennoch an Lebendigkeit gewinnen, liegt an ihrer vollkommenen Verschmelzung mit einer ihrem Tun angemessenen Umgebung: den verschiedenen Verstecken, die über labyrinthische Treppen in finstere Bodenkammern oder rattenverseuchte Kellerverliese führen, sowie den Londoner East-End-Slums mit ihren stinkenden Gängen und verwinkelten Gassen. Fagin gleicht auf seinem Weg durchs nächtliche Spitalfields *einem ekelhaften Gewürm, erzeugt in Kot und Dunkel, in dem es sich fortbewegt, um nachts aus reichen Abfällen sein Mahl zu wühlen* [68]. Und die Seelenqualen des Mörders Sikes, den ein lynchwütiger Mob verfolgt, bewegen die Phantasie erst vor dem sinnbildhaften Hintergrund von Verfäulnis, Verfall und Schmutz im Bezirk Southwark: *Gebrechliche Holzgalerien, die an der Rückseite eines halben Dutzends Häuser entlanglaufen, mit Löchern, durch die man in den Schlamm hinuntersehen kann; zerbrochene und verklebte Fenster, aus denen Stangen herausragen, um nicht vorhandenes Leinenzeug daran zu trocknen; Stuben, so eng und schmutzig, daß die Luft selbst für den Unrat, den sie bergen, zu dumpf scheint; hölzerne Kammern, die über die sumpfige Lache vorspringen und hineinzustürzen drohen, wie es einige schon wirklich getan haben; kotbesudelte Wände und versinkende Fundamente; jeder abstoßende Zug der Armut, jedes widerliche Anzeichen ekelhaften Schmutzes und häßlicher Verkommenheit.* [69] Das Pathos und der Horror dieser und ähnlicher sozialer Alptraumbilder müssen auf Dickens' Publikum eine Faszination ausgeübt haben, wie sie eine realistische Beschreibung kriminellen Elends nie hätte erzeugen können.

Die Vorliebe für das Groteske, die melodramatische Übertreibung und die detailfreudige Ausgestaltung von stereotypen Figuren (der schmierige Jude, der eiskalte Verbrecher, das mißbrauchte Mädchen) verleihen den Verbrecherszenen ein mythisches Eigenleben, das die ursprüngliche «Botschaft» des Buches immer mehr vergessen macht. Denn Oliver darf dann doch nicht zu jener glanzvoll beschriebenen Elendswelt gehören, die Dickens zuvor als Resultat sozialer Mißstände dargestellt hatte, unter denen der Held aufwuchs. Das Thema des Romans wird, um das Gewissen des Lesers nicht zu sehr zu belasten, durch eine Fabel überlagert, die von Anfang an die gerechte Bestrafung der Übeltäter und die Belohnung der Guten vorherbestimmte.

Diese Fabel lebt vom bloßen Zufall, bei dem ein verruchter Halbbruder, ein Totenbettgeheimnis, ein verlorengegangenes Testament und zwei von Fagins Bande beraubte Bürger eine mehr als unwahrscheinliche Rolle spielen. Oliver, der zu Beginn als verlassenes Waisenkind gleichsam alle Leidensgenossen mitrepräsentiert, bekommt eine individuelle Lebensgeschichte zugewiesen, die ihn als jungen Gentleman unehelicher Herkunft zum verdienten Erfolg emporführt. Der englische Literaturwissenschaftler Arnold Kettle schildert die biographische Metamorphose des Jungen in ironischem Unterton: «Bis Oliver in Mr. Brownlows Haus aufwacht, ist er ein armer Kerl, der gegen die Unmenschlichkeit des Staates ankämpft. Nachdem er sich in Mr.

Brownlows Welt eingebettet hat, ist er ein junger Bürger, den man um sein Eigentum betrogen hat.»[70] Zwar grinsen hinter Mrs. Maylies Gardinen die beiden dämonischen Monster Fagin und Monks, so die ständige Bedrohung Olivers sichtbar machend, doch ergibt die Konstruktion des Romans keinen Sinn mehr. Die leblosen Bürgerfiguren Brownlow und Maylie gehören zu offenkundig in jene behäbige Biedermeierwelt, die auch einen Bumble und die Männer der Armenhausverwaltung hervorgebracht hat. Oliver selbst, dessen vornehme Reinheit gegen alle Voraussetzungen auch im Armenhaus und im Verbrechermilieu unberührt blieb, ist innerhalb der Handlung nicht viel mehr als eine Klammer, die die streng voneinander getrennten Bereiche eines Fagin und Mr. Brownlow verbindet. Seine natürliche Tugend bleibt freilich nur so lange unproblematisch, als er im Gleichnis vom jungen Leid in schlechter Welt keine fest definierte Persönlichkeit darstellt. Das aber ändert sich, als ihm eine Biographie und ein sozialer Stand zuerteilt werden, die seine edle Haltung im nachhinein als bürgerliche Vorbedingung erklären. In einer später gestrichenen Passage des Vorworts betonte Dickens, daß er mit Oliver *das Prinzip des Guten* zeigen wollte, das *über alle widrige Umstände obsiegt und letztlich triumphiert*[71]. Es ist, als ob der anonyme «kleine Gentleman» im Schuhwichslager endlich seine Genugtuung erlangen sollte. Als die Verbrecher den Galgen besteigen, der doch einst auch für Oliver vorausgesagt war, ist Artful Dodgers sarkastische Bemerkung vor den Polizeirichtern (*Das ist nicht die Bude, in der man sein Recht kriegt*[72]) längst vergessen. Was aber, so muß man fragen, geschieht mit all den Jungen, die Oliver im Armenhaus (Dickens in der Fabrik) zurückließ? Vom Plot her gilt *Oliver Twist* als ein Roman ohne offene Enden. Sein Thema jedoch bleibt ungelöst, gerade weil das äußerliche Sinngefüge des Romans sich so mechanisch und konzessionsbereit schließt.

Diese Zwiespältigkeit, die aus *Oliver Twist* zwei Geschichten innerhalb einer macht, mag seinen triumphalen Erfolg beim Publikum bewirkt haben. Olivers berühmtes *Ich will mehr* richtet sich gegen ein mitleidloses System der Armenausbeutung, das durch die glückliche «success story» eines Einzelnen kraft eines gütigen Schicksals überwindbar erscheint. Die Frage, warum Dickens zugleich zum unbarmherzigen Sozialkritiker und gefeierten Autor des viktorianischen Bürgertums werden konnte, kann durch die innere Strukturierung von *Oliver Twist* zumindest teilweise beantwortet werden. Zur Stärke des Romans gehört hierbei, daß die gute Welt zwar siegt, aber nur die böse unsere Phantasie bewegt. Auch das verbindet den Roman mit einem Märchen.

Nicholas Nickleby ging eine Reise ins nordenglische Yorkshire voraus, wo Dickens und Phiz sogenannte «boy-farms» besuchten – das waren Schulen, in die unerwünschte oder uneheliche Kinder aus London bei niedrigen Verpflegungskosten abgeschoben wurden. Mit der im Roman geschilderten Dotheboys Hall werden wiederum eine brutale Institution und die von ihr verursachte Mißhandlung von jungen Menschen attackiert, und nochmals erscheinen auf der Autoritätsseite abstoßende Karikaturen sozialer Versnobtheit und ökonomischer Gier. Doch die Schulszenen mit ihrer Verbindung aus Horror und anarchischer Heiterkeit bilden nur einen Teil des Werkes, das in seiner Formlosigkeit alle Register melodramatischer und komischer Effekte zieht, ohne je zu einem einprägsamen Grundton zu finden.

*Dickens. Stich nach einem Gemälde von Daniel Maclise, 1839
(sog. «Nickleby-Porträt»)*

Es ist *Pickwick* und *Oliver* in einem; das Publikum liebte die Mischung und belohnte Dickens mit einem Verkaufserfolg, der den beider vorausgegangener Romane noch bei weitem überstieg.

Die jeweils gleichzeitige Arbeit an zwei Romanen zwang Dickens zu einer unglaublichen Anspannung der geistigen wie körperlichen Kräfte und setzte ihn unter einen energieverschleißenden Zeitdruck. *Ich kann nicht mehr tun, als zwei Hände und ein einsamer Kopf zustandebringen können,* beklagte er sich angesichts drängender Ablieferungstermine.[73] Das Schicksal seiner erfundenen Personen ist auf makaber-komische Weise mit dieser Schreibhetze verbunden. *Immer noch hart an der Arbeit. Nancy lebt nicht mehr*[74], lautet eine lapidare Briefstelle, und als dem sinistren Fagin ein Ende am Strang

John Forster. *Zeichnung von Daniel Maclise, 1840*

bereitet werden mußte, schrieb Dickens ratlos: *Er ist ein so zählebiges Muster, daß ich nicht weiß, was ich aus ihm machen soll.*[75] An der Überlastung war der Autor nicht völlig unschuldig, denn unter dem Antrieb der ersten Erfolge hatte er sich bei verschiedenen Verlegern zu Romanlieferungen verpflichtet. Dickens' zupackende Art, wenn es galt, günstige Gelegenheiten sofort zu ergreifen, schaffte unlösbare Probleme, als die Gunst der Stunde zum permanenten Zustand wurde. Denn obgleich sich sein Ruhm pausenlos mehrte, blieben die getroffenen vertraglichen Abmachungen dieselben. So hatte er sich schon früh gegenüber Macrone festgelegt, für bloße 200 Pfund ein dreibändiges Romanwerk mit dem Titel *Gabriel Vardon* (später *Barnaby Rudge*) zu liefern. Als Dickens zu Recht oder Unrecht glaubte, daß dieser Vertrag nicht mehr wirksam sei, kündigte Macrone das baldige Erscheinen des Buches an, zu dem sein Autor weder Zeit noch Lust hatte. Nach heftigen Auseinandersetzungen verzichtete Macrone auf seine Ansprüche, während er von Dickens die gesamten Rechte für die *Sketches* zu einem Spottpreis von 100 Pfund zurückkaufte. Als wenig später die *Sketches* mit dem gleichen grünen (und damit verkaufsträchtigen) Umschlag wie die *Pickwickier* erscheinen sollten, erwarb der verbitterte Autor das Copyright für 2250 Pfund zurück.

Das Verhältnis zum Verleger Bentley gestaltete sich nicht weniger gespannt. Als Bentley nämlich die Option auf zwei Romane (ohne festen Ablieferungstermin) erworben hatte, ahnte er nicht, daß schon *Oliver Twist* unter diese Regelung fallen sollte. Dickens hatte sich ja zugleich verpflichtet, für «Bentley's Miscellany» monatlich sechzehn Seiten beizutragen, für die er ein separates Autorenhonorar erhielt. Die getrennten Abmachungen bezog er jedoch beide auf *Oliver*, der zunächst in Fortsetzungen, später in Buchform erscheinen sollte. Zum Streit mit Bentley trugen sicher auch dessen Eingriffe in Dickens' Herausgebertätigkeit beim «Miscellany» bei, doch der Hauptgrund ist in der Erkenntnis des Autors zu suchen, trotz rechtmäßig geschlossener Verträge auf unrechtmäßige Weise übervorteilt zu sein: *Die gewaltigen Profite, die Oliver seinem Verleger brachte und immer noch bringt, die kärgliche, jämmerliche, armselige Summe, die er mir einbrachte ... und das Wissen, daß meine Bücher jedermann bereichern, der mit ihnen zu tun hat, außer mich selbst, und daß ich bei aller erworbenen Popularität noch in alten Schlingen kämpfe und meine Energien auf der frischen Höhe meines Ruhms und zur besten Zeit meines Lebens verausgabe, um die Taschen anderer zu füllen ... all das bringt mich total aus der Fassung: und ich kann nicht – kann und will nicht – unter diesen Umständen, die mich mit eiserner Hand nach unten drücken, mich unglücklich machen, indem ich diese Erzählung beginne, bevor ich nicht Zeit zum Atmen habe.*[76] Bentley hatte, wie einst Macrone, *Barnaby Rudge* vorzeitig angekündigt, und erst nach schwierigen Verhandlungen erklärte sich Dickens zur Abfassung dieses Romans unter der Voraussetzung bereit, daß *Oliver Twist* als zweiter Roman und nicht als bloßer Beitrag für das «Miscellany» gelten sollte. Seine Unzufriedenheit darüber, nicht eine weitergehende Beteiligung erreicht zu haben, führte schließlich zum offenen Bruch. Mit dem kostspieligen Rückkauf der Rechte an *Oliver Twist* sowie aller restlichen Exemplare mitsamt Cruikshanks Illustrationen befreite sich der Autor von allen laufenden Verpflichtungen gegenüber Bentley. Er wechselte über zu Chapman & Hall, die die Ablösungssumme vorausbezahlten und mit denen er einen denkbar günstigen Vertrag schloß: Die Hälfte aller Verkaufsgewinne sollten ihm zukommen, während der Verleger alle eventuellen Verluste zu tragen hatte.

Charles Dickens hatte sich den Weg zur Kontrolle seiner Einnahmen mit einer wütenden Härte freigekämpft, die auf die formalrechtlichen Positionen von Macrone und Bentley nur wenig Rücksicht nahm. Gewiß wäre viel Ärger vermieden worden, wenn an Stelle einmaliger Pauschalen eine flexible Tantiemenregelung ausgehandelt worden wäre. Die Auseinandersetzungen sind schon deshalb von so großer Wichtigkeit, weil sie Dickens' Verhältnis zu geistigen Produkten auch von der praktisch-materiellen Seite her beleuchten. Der Autor wollte nicht mehr bloßer Geschichtenlieferant sein, der an Herstellung, Vertrieb und Verkaufsergebnis unbeteiligt blieb. Seine Einflußnahme ging so weit, daß er sich sogar mit Druckern und Papierherstellern in Verbindung setzte und die Abrechnungen mit scharfem Buchhalterauge überwachte. Die oft verdrängte Tatsache, daß auch das Buch eine Ware ist, wurde von ihm erkannt und ganz im Sinne des literarischen Produzenten ausgenutzt. Bentley mag die Vertragsklauseln auf seiner Seite gehabt haben, doch Dickens hatte auf der seinen den von unbeugsamem Stolz diktierten Wunsch, als freier Autor respektiert zu werden.

In dem jungen Kritiker und Herausgeber John Forster, einem Freund der Essayisten Charles Lamb und Leigh Hunt, fand Dickens einen literarischen Berater, dessen energisch-streitsüchtiges Temperament durch Intelligenz, Gutmütigkeit und die Bereitschaft zu stundenlangen Fußmärschen kompensiert wurde. Forster war einer der ganz wenigen Menschen, denen er sich freimütig anvertrauen konnte, und ohne seine nach Dickens' Tod erschienene Biographie wären wohl viele Einzelheiten aus dem Leben des Autors im dunkeln geblieben.

Dank seiner Geselligkeit und vielbewunderten Eloquenz schuf Dickens einen Freundeskreis, zu dem fast alle literarischen Größen seiner Zeit gehörten: Bulwer-Lytton, Carlyle, Thackeray, Leigh Hunt, der Dramatiker und «Punch»-Herausgeber Douglas Jerrold, später Tennyson und vor allem Wilkie Collins. Aber auch unbekannteren Künstlern gegenüber bewies er eine Freundschaft und Fürsorge, hinter denen sein Respekt vor einem risikoreichen, finanziell schlecht abgesicherten Beruf zu erkennen ist. So war er stets bereit, mit Benefizaufführungen und der Organisation von Gilden spontane Solidarität zu üben. Sein Kampf um vorteilhaftere Existenzbedingungen für Schriftsteller und Theaterleute wurde sicherlich nicht ohne Eigeninteresse geführt, doch scheute er sich nicht, die Autorität seines Namens auch für andere einzusetzen.

Dieser Name wurde aber gerade von einer Person ins Zwielicht gebracht, die ihn selbst trug. Der wieder einmal zahlungsunfähige John Dickens wurde bei den Verlegern seines Sohnes um entwürdigend minimale Leihsummen vorstellig und verkaufte selbst die aus Charles' Briefen herausgetrennten Unterschriften für ein paar Shilling. Dickens, auf seinen guten Ruf bedacht, verfrachtete kurzerhand die Familie in eine Kutsche nach Exeter, fern von London, wo er ihr ein Haus zur Verfügung stellte. In der Presse ließ er seinen Anwalt verlautbaren, daß er nicht für Schulden von «gewissen Personen, die den Familiennamen unseres Klienten tragen oder zu tragen vorgeben», verantwortlich sei.[77]

Der gealterte Dickens im Kreis seiner Freunde. Fotomontage. Zweite Reihe: MacDonald, Froude, Wilkie Collins, Anthony Trollope. Vorne, sitzend: W. M. Thackeray, Lord Macaulay, Bulwer-Lytton, Thomas Carlyle, Dickens

Der Raritätenladen (*The Old Curiosity Shop*) war der erste Roman, den Dickens in wöchentlichen statt monatlichen Raten verfaßte. Ursprünglich hatte er unter dem Titel *Meister Humphreys Uhr* (*Master Humphrey's Clock*) ein neues Publikationsorgan geplant, das in der Nachfolge der moralischen Wochenschriften des 18. Jahrhunderts literarische Skizzen, Reisebeschreibungen, Essays und launige Beobachtungen von Alltagsgeschehnissen vereinen sollte. Sogar eine Wiedererweckung von Mr. Pickwick und Sam Weller war ins Auge gefaßt. Doch die Leser, die ihre Erwartungen in die glänzend verkauften ersten Nummern gelegt hatten, wollten von Dickens einen neuen Roman und kein erzählerisches Gemischtwarenangebot; die Auflage ging alarmierend zurück. Und so wurde mit der vierten Ausgabe eine fortlaufende Geschichte angekündigt, an die sich ihr Autor sofort und ohne jegliche Möglichkeit zur Vorausplanung setzte. Die Kürze der einzelnen Beiträge stand zunächst seiner eher weitschweifigen Erzählweise im Weg: *Ich mußte auf höchst grausame Weise eine, wie ich fand, hübsche Idee ins neueste Kapitel pressen.*[78] Später, vor allem in *Große Erwartungen*, hatte er gelernt, daß eine größere Handlungsökonomie und erzählerische Disziplin durchaus von Vorteil sein konnten.

Die Geschichte vom alten Mr. Trent, Little Nells treusorgendem Großvater, der wegen seiner Spielleidenschaft dem zwergenhaften Wucherer Quilp in die Klauen fällt, aufs Land und in den industriellen Norden flieht, wo sein Enkelkind an Tuberkulose stirbt – diese Geschichte lebt vor allem von ihrer legendenhaften Grundstimmung. Die leuchtende Welt der Güte tritt in überscharfen Kontrast zum satanischen Sadismus Quilps, der zu Dickens' großen grotesken Schöpfungen gehört. Wenn dieser Gnom von dunkler sexueller Vitalität in einer märchenhaften Alptraumkulisse lauert, gelangt der Roman zu einigen großen, heute surreal anmutenden Beschreibungsmomenten: *Nachdem er ein luxuriöses Mittagsmahl aus der Garküche verzehrt hatte, zündete er sich seine Pfeife an und blies den Rauch gegen den Rauch des Ofens, bis durch den Dunst nichts mehr von ihm zu sehen war als ein Paar rote, stark entzündete Augen und zuweilen die unklaren Umrisse seines Kopfes und Gesichts, wenn er durch einen heftigen Hustenanfall den Rauch aufwühlte und die schwarzen Wolken zerstreute, die sonst alles einhüllten. Inmitten dieser Atmosphäre, die jeden andern Menschen unfehlbar erstickt hätte, verbrachte Mr. Quilp höchst vergnügt seinen Abend.*[79]

Durch die bizarre, oft phantasmagorische Kunstlandschaft des Romans wandert die kleine Nell, der die Mächte des Guten nicht mehr rechtzeitig zu Hilfe kommen können. Ihr Tod, in hunderttausend Exemplaren gestorben, machte aus England eine Nation trauernder Hinterbliebener. Ein irischer Parlamentsabgeordneter brach in Tränen aus, nicht ohne vorher das Buch aus seiner Kutsche geworfen zu haben[80], und in New York rief eine wartende Menge den Passagieren eines aus England einlaufenden Schiffes in banger Erwartung zu: «Ist Little Nell tot?»[81] Edgar Allan Poe fühlte mit einer Reihe von Lesern, daß Nells Sterben «übermäßig schmerzlich» sei und besser hätte vermieden werden sollen.[82] Auch wenn später Oscar Wilde spottete, daß man ein Herz aus Stein haben müsse, um über den Tod von Little Nell n i c h t zu lachen[83], auch wenn der Dichter Swinburne bemängelte, daß Nell so wirklich sei wie ein Kind mit zwei Köpfen[84], so ist damit die kollektive Trauer einer weiten Lesergemeinde heute allzu leicht als unverständliche Sentimentalität

Quilps Ende. Illustration von Phiz

abgetan. «Empfindsamkeit» wurde vom viktorianischen Bürger durchaus als Tugend kultiviert, der man nicht ohne stolzes Bewußtsein von der eigenen Leidensfähigkeit folgte. Diese keineswegs selbstlosen Gefühle wurden von Dickens durch eine meisterhafte Inszenierung geweckt: Der langsame Tod als Schauspiel, das die Angehörigen der Sterbenden, in diesem Fall die Leser, zu Hauptpersonen macht. Nicht die ohnehin blasse Nell steht im Mittelpunkt, sondern die bewegende Frage, welches Höchstmaß an emotionaler Bereitschaft in einer Zeit des kalten Materialismus aufzubringen ist.

Die Entstehung des unmittelbar folgenden Romans *Barnaby Rudge* war für Dickens von bis dahin ungeahnten Schreibschwierigkeiten begleitet, die erklären können, warum er das Projekt gegen den Druck der Verleger immer wieder aufschob. Um 1840/41 hatte die Agitation der Chartisten mit Streiks in Nordengland und zahlreichen blutigen Aufständen den Höhepunkt erreicht; in einigen Regionen herrschte gar ein vorrevolutionäres Klima. Vor diesem Hintergrund mußte Dickens' Themenwahl – die sogenannten «Gor-

Nells Tod. Illustration von Cattermole

don-Unruhen» von 1780 – wie der Versuch einer Kommentierung zeitgenössischer Ereignisse wirken. In den großangelegten Aufruhrszenen, die in der Erstürmung des Newgate-Gefängnisses und der Freilassung der Gefangenen kulminieren, vernahmen wohl alle Leser ein Echo auf jüngste Revolten. *Jene schändlichen Tumulte*[85] auf die sich Dickens bezieht, hatten freilich historisch schwer ergründbare Konflikte zur Ursache, die im Roman durch einen zusammenhanglosen Plot weitgehend verwischt werden; so ist der Anführer der Unruhen, der protestantische Fanatiker Lord George Gordon, nur äußerst vage in seinen politischen und sozialen Motiven dargestellt. Die geschichtliche Rückprojektion erlaubt keine Aktualisierung der geschilderten Ereignisse über das allgemeine Revolutionsthema hinaus. Und hier vermittelt der Roman sowohl eine abgrundtiefe Furcht vor der Gewalt des Mobs als auch eine unterschwellige Sympathie mit den Mächten der Auflehnung. *Wie radikal ich allmählich werde!*[86], vertraute sich damals Dickens Forster an. Ein andermal spricht er davon, er könne nicht umhin, *das augenblickliche*

System und seine verhängnisvolle Rolle bei der Unterdrückung Tausender und aber Tausender von Gottes Ebenbildern zu verfluchen[87]. Die Arroganz und soziale Indifferenz, mit denen das Bürgertum seine Privilegien nach dem verwerflichen Vorbild der Aristokratie gegen die unteren Klassen ausspielte, erfüllten ihn mit Abscheu und ließen ihn jede Hoffnung auf eine parlamentarische Reform verbannen. Doch der radikale Bürger Dickens, der soeben erst in ein herrschaftliches Haus an der Devonshire Terrace gezogen war, empfand auch Furcht vor der Vernichtung seiner sozialen Identität durch eine anarchische Masse, deren Wut und Enttäuschung er gleichwohl verstand. *Barnaby Rudge* ist vor allem als eine Warnung an das Bürgertum zu interpretieren, nicht wie einst die Adeligen die Zeichen der Zeit zu verkennen. Dickens glaubte an eine Rettung «von oben», solange sich eine brüderliche Hand den Besitzlosen und Ausgebeuteten entgegenstreckte. Die orgiastische Lust, mit der er die Zerstörungsszenen gestaltete, deutet freilich auf die unausweichlichen Konsequenzen, falls diese Hand zurückgezogen bleiben sollte.

AMERIKA: VERLORENE ILLUSIONEN

«MARTIN CHUZZLEWIT»

Bis einschließlich *Barnaby Rudge* hatte Dickens seine Romane in einem so hektischen Tempo produziert, daß sich in ihm nun erste Zweifel an der Dauer des Erfolgs einstellten. *Ich erinnerte mich, daß* (Sir Walter) *Scott beim Verkauf gerade seiner besten Werke Mißerfolge hatte und nie wieder seine alte Auflagenhöhe erreichte (obgleich er fünfzig Mal besser schrieb als am Anfang), nur weil er nie pausierte.*[88] Dickens ahnte, daß die allzu willige Einlösung von Publikumserwartungen nicht nur seine eigenen künstlerischen Kräfte lähmen, sondern auch das Interesse der Leser auf lange Sicht überstrapazieren würde. Deshalb ließ er sich von seinen Verlegern für ein halbes Jahr von allen Schreibverpflichtungen dispensieren, um seinen Erfahrungshorizont durch Reisen ins Ausland zu erweitern. *Nun wirst Du erstaunt sein,* teilte er Forster seine Entscheidung mit. *Nachdem ich die Sache in jeder Hinsicht erwogen habe, HABE ICH MICH, MIT GOTTES SEGEN, ENTSCHLOSSEN, NACH AMERIKA ZU FAHREN.*[89] Noch mußte die um ihre Kinder besorgte Kate von ihren Reisepflichten überzeugt werden, doch als sich Dickens' Bruder Fred und der befreundete Schauspieler Macready zur Betreuung des Nachwuchses bereit fanden, gab sie unter Tränen nach.

Charles Dickens' Wunsch, Amerika mit eigenen Augen kennenzulernen (und nicht nur durch tendenziös verzerrte Reiseberichte), war keine Laune des Augenblicks. War hier nicht die Möglichkeit, ein demokratisches Land zu besichtigen, das sich vom Klassensnobismus und den fortschrittshemmenden Traditionen der Engländer freigemacht hatte und neue Gebiete auch im sozialen Bereich erschloß? *Wenn man die Neue Welt besucht, muß man die alte völlig vergessen und aus der Sicht verlieren.*[90] Damit war das Zurücklassen von europäischen Vorurteilen und Denkmustern gemeint, nicht aber das Ausweichen vor einem Vergleich zwischen dem verkrusteten System in

England und der republikanischen Freiheit Amerikas, wo aristokratische Privilegien beseitigt waren und eine wirkliche Herrschaft des Volkes etabliert schien. Lady Hollands vorwurfsvoller Rat «Warum kann er nicht nach Bristol fahren und dort einige dritt- und viertklassige Leute treffen, die es genauso tun?»[91] konnte für Dickens nur ein weiterer Ansporn sein, seinen selbstgerechten Landsleuten von fremden Paradiesen zu berichten. Zudem erwarteten ihn zahlreiche Ehrungen: *Washington Irving schreibt mir, daß es für mich einen Triumphzug von einem Ende der Staaten zum anderen geben würde, so wie man ihn noch in keiner Nation erlebt hätte.*[92] Der *Unvergleichliche*, wie er sich hinfort selbst apostrophierte, rechnete mit einzigartigen Sympathiebeweisen, die er – unberührt vom snobistischen Antiamerikanismus in gehobenen englischen Kreisen – ebenso herzlich erwidern würde. Daß dennoch die Enttäuschung nicht ausblieb, hat seine Gründe nicht nur im insgesamt unglücklichen Reiseverlauf. Dickens war trotz aller guten Vorsätze doch ein Vertreter der Alten Welt, unbestechlich in seinen Beobachtungen, aber auch geprägt von europäischen Seh- und Verhaltensweisen, die ihn nicht so unbefangen sein ließen, wie er selbst glauben mochte.

Am 4. Januar 1842 bestieg er mit seiner Frau den Dampfer «Britannia», der auf der Linie Liverpool–Boston verkehrte. Die Passage über den Atlantik war von orkanartigen Stürmen begleitet, die jedoch angesichts des überwältigenden Empfangs im Bostoner Parlament schnell vergessen waren. *Ich wünschte*, schrieb er an Forster, *Du hättest die Mengen sehen können, wie sie auf den Straßen den Unvergleichlichen bejubelten. Ich wünschte, Du hättest die Richter, Justizbeamten, Bischöfe und Gesetzgeber sehen können, wie sie den Unvergleichlichen willkommen hießen. Ich wünschte, Du hättest den Unvergleichlichen sehen können, wie er zu einem großen Armsessel beim Thron des Vorsitzenden geleitet wurde . . . Ach, Forster, wenn ich erst mal wieder daheim bin!* [93] Der triumphale Empfang war eines zweiten La Fayette durchaus würdig. Dickens schien noch nicht zu bemerken, daß er wie ein Schaustück herumgereicht und von der Presse auf reichlich rüde Art verfolgt wurde. Im vornehmen Boston unterstrich er seine dandyhafte Freude am gesellschaftlichen Rummel durch bunte Kleider, langes Lockenhaar und eine ungehemmte Nonchalance, die von den steifen Patriziern der Stadt mit Stirnrunzeln aufgenommen wurden. Das soziale Sightseeing, das er bewußt in sein Programm aufgenommen hatte, ließ ihn glauben, sich auf einer Insel des Reichtums und der Gerechtigkeit zu befinden: *Die Armen in Amerika, die amerikanischen Fabriken, alle möglichen Institutionen – ich habe schon ein ganzes Buch darüber. Es gibt keinen Mann in dieser Stadt, niemanden in diesem Staat Neuengland, der nicht täglich am flackernden Feuer sitzt und einen Braten verspeist. Ein Flammenschwert in der Luft würde weniger Aufsehen erregen als ein Bettler auf der Straße.*[94] Die amerikanischen Universitäten würden *keine Vorurteile verbreiten; keine Heuchler aufziehen; von keinem alten Aberglauben die begrabene Asche nochmals hochschaufeln*[95]. Mit dem fünf Jahre älteren Lyriker Longfellow, damals Professor in Harvard, knüpfte er eine enge Freundschaft, die bis zu Dickens' Lebensende währte.

Die Hoffnung auf ein Utopia ohne den krassen Materialismus der englischen Industriegesellschaft trog. Am 1. Februar hielt Dickens auf einem opulenten Diner eine Rede, in der er den großen amerikanischen Traum noch

Dickens. Lithographie, von D'Orsay, 1841

einmal beschwor und einzig in der Lage seiner Schriftstellerkollegen beiderseits des Atlantiks einen behebenswerten Makel entdeckte: *Ich hoffe, die Zeit ist nicht weit entfernt, da ihre Mühen auf rechtmäßige Art mit nennenswerten Einnahmeprofiten in England honoriert werden; und wir in England für unsere Mühen nennenswerte Einnahmeprofite aus Amerika erhalten.* Man möge ihn nicht mißverstehen: es läge ihm mehr an der Gerechtigkeit als am Geld, obgleich beide zusammengehörten. Und dann schloß er mit dem Toast: *Auf Amerika und England – und daß sie nie etwas anderes trennen möge als der Atlantik!* [96]

Der zornige Aufschrei der amerikanischen Presse drang bald nach Europa. Dickens hatte gewagt, die delikate Frage nach einem internationalen Copyright auf einer gesellschaftlichen Veranstaltung zu seinen Ehren aufzuwerfen. Er galt nun plötzlich als Spielverderber, der «eine riesige Dissonanz geschaffen hat, wo überall sonst triumphale Einigkeit war» [97]. Statt eines echten britischen Gentleman habe sich ein geldgieriger Rüpel vorgestellt, der die Gastfreundschaft der USA auf gröbste mißbrauchte. In die scharfe Rüge für ungehobelte Manieren mischte sich zweifellos auch das schlechte Gewissen der Zeitungen, die literarische Texte ohne Honorar abdruckten. So waren Dickens' Romane in Amerika millionenfach erschienen, ohne daß ihr Autor je einen Cent zu Gesicht bekommen hatte. Doch ging es ihm nicht nur um die materielle Vergütung einer erbrachten Leistung, sondern auch um ein Prinzip, für das zu kämpfen er um so mehr bereit war, als die anderen aus Angst schwiegen: *Jeder, der in diesem Land schreibt, hat sich mit der Frage auseinandergesetzt, und nicht ein einziger von ihnen wagt es, seine Stimme zu erheben und sich über den grauenhaften Gesetzeszustand zu beklagen.* [98] Sie alle seien *vor Erstaunen über einen so tollkühnen Versuch wie gelähmt gewesen.* Allein die Idee, daß ein Einzelner es in Amerika wagen sollte, den

Die «Britannia» im Hafen von Boston

Amerikanern anzudeuten, daß es etwas gibt, wo sie weder gegenüber ihren eigenen Landsleuten noch uns gegenüber im Recht sind, hat selbst den Stärksten umgehauen.[99] Dickens war von nun an im Besitz einer Mission, die er unerschrocken und im Gefühl absoluter Rechtmäßigkeit verfolgte. *Mein Blut kam so sehr zum Kochen, wenn ich an diese monströse Ungerechtigkeit dachte, daß ich mich wie ein Riese fühlte, als ich es ihnen eintrichterte.*[100] Anonyme Beschimpfungen und das Kesseltreiben, das von wenig seriösen Blättern gegen ihn eröffnet wurde, machten aus dem einst Amerika-Süchtigen einen enttäuschten Liebhaber, der wie früher das Lob nun den Tadel übermäßig verteilte: *Ich glaube, es gibt kein Land auf Erden, wo es weniger Meinungsfreiheit bei einem kontroversen Punkt gibt wie hier . . . Ich schreibe dies nur widerwillig, enttäuscht und bekümmert; aber ich bin davon im Tiefsten meiner Seele überzeugt.*[101]

Zwar gehörten nach wie vor Besuche in Gefängnissen, Armenhäusern und Anstalten zum Programm des Schriftstellers, doch hinderte ihn die Aufmerksamkeit, die er ständig auf sich zog, an einer wirklichen Fühlungnahme mit den Problemen und Besonderheiten des Gastlandes. Je mehr Amerikanern er begegnete, um so weniger verstand er sie. Er war angezogen von ihrer warmen Herzlichkeit und unaffektierten Großzügigkeit, doch zugleich auch abgestoßen vom aufdringlichen Interesse und der enervierenden Unempfindlichkeit, mit denen er auf Schritt und Tritt verfolgt wurde. *Ich kann nichts tun, was ich tun will, nirgendwohin gehen, wohin ich gehen möchte, und nichts sehen, was ich sehen will. Wenn ich die Straße betrete, folgt mir eine ganze Volksmenge. Wenn ich daheim bleibe, wird das Haus durch Besucher in einen Jahrmarkt verwandelt. Ich suche die Stille einer Kirche und schon stürmen sie heftig in die unmittelbare Nähe meines Stuhles und der Priester predigt allein für m i c h . . . Ich verlasse einen Bahnhof und kann nicht mal ein Glas Wasser trinken, ohne daß mir hundert Leute in den Schlund starren, wenn ich meinen Mund zum Trinken öffne . . . Ich habe keine Ruhe und bin in ständiger Aufregung.*[102] Der Anblick verwahrloster New Yorker Slums, eine anstrengende Zugreise nach Philadelphia und stundenlanges Händeschütteln auf Wunsch prestigebesessener Lokalpolitiker trugen allesamt zu seiner Ernüchterung bei, die auch nicht durch die Begegnung mit Präsident John Tyler in Washington gemildert wurde. Im Vorzimmer des Weißen Hauses schlenderte eine Anzahl von Gentlemen *meist mit dem Hut auf dem Kopf und die Hände in den Taschen . . . andere gähnten und stocherten in den Zähnen herum . . . Ein paar musterten die Möbel, wie um sicherzugehen, daß der Präsident (der nicht populär ist) sich nicht schon mit einigen davon aus dem Staub gemacht oder das Inventar zum privaten Nutzen verkauft hat.*[103] Das Gespräch mit Tyler war kurz und peinlich belanglos, und allein der Spucknapf neben dem Präsidentenstuhl schien Dickens' Aufmerksamkeit zu erregen, wie er und Kate überhaupt höchst allergisch auf ihre tabakkauende und -speiende Umgebung reagierten.

Die Konfrontation mit Sklaverei und Rassismus in Virginia führte ihn schließlich zu einem vernichtenden Urteil über ganz Amerika, das seine enttäuschten Erwartungen sehr direkt wiedergibt: *Das ist nicht die Republik, die ich besuchen kam; es ist nicht die Republik, wie ich sie mir vorgestellt hatte . . . Ich ziehe dieser Regierungsform eine liberale Monarchie bei weitem vor – selbst mit ihren ekelhaften Begleiterscheinungen wie den täglichen*

Private Theatricals.

COMMITTEE.

Mrs. TORRENS.   Mrs. PERRY.
W. C. ERMATINGER, Esq.   Captain TORRENS.
          THE EARL OF MULGRAVE.

STAGE MANAGER—MR. CHARLES DICKENS.

QUEEN'S THEATRE, MONTREAL.

ON WEDNESDAY EVENING, MAY 25th, 1842,
WILL BE PERFORMED,

A ROLAND FOR AN OLIVER.

MRS. SELBORNE. ——— *Mrs. Torrens*
MARIA DARLINGTON. ——— *Miss Griffin*
MRS. FIXTURE. ——— *Miss Ermatinger.*

MR. SELBORNE. ——— *Lord Mulgrave*
ALFRED HIGHFLYER. ——— *W. Charles Dickens*
SIR MARK CHASE. ——— *Wingate W. Methuelns*
FIXTURE. ——— *Captain Willoughby.*
GAMEKEEPER. ——— *Captain Granville*

AFTER WHICH, AN INTERLUDE IN ONE SCENE, (FROM THE FRENCH,) CALLED

Past Two o'Clock in the Morning.

THE STRANGER. ——— *Captain Granville*
MR. SNOBBINGTON. ——— *W. Charles Dickens*

TO CONCLUDE WITH THE FARCE, IN ONE ACT, ENTITLED

DEAF AS A POST.

MRS. PLUMPLEY. — *Mrs. Torrens*
AMY TEMPLETON. — *Mrs. Charles Dickens* !!!!!!!
SOPHY WALTON. — *Mrs. Perry.*
SALLY MAGGS. — *Miss Griffin*

CAPTAIN TEMPLETON. - *Captain Torrens*
MR. WALTON. ——— *Captain Willoughby.*
TRISTRAM SAPPY ——— *Ensign Griffin*
CRUPPER. ——— *Lord Mulgrave*
GALLOP. ——— *W. Charles Dickens.*

MONTREAL, May 24, 1842.   GAZETTE OFFICE,

Playbill of the Private Theatricals
Montreal, 25 May 1842

Theaterzettel für eine Dickens-Inszenierung in Montreal, 1841. Die handschriftlichen Eintragungen sind von Dickens

Hofberichten . . . Je mehr ich an Amerikas Jugend und Kraft denke, um so armseliger und belangloser erscheint es mir in tausenderlei Hinsicht. In allem, dessen es sich rühmt – mit Ausnahme seines Erziehungssystems und seiner Fürsorge für arme Kinder – sinkt es unermeßlich unterhalb des Niveaus, auf dem ich es vermutet hatte; und England, selbst England, so schlimm und fehlerhaft dieses alte Land ist, und so elend Millionen seiner Menschen leben, steht im Vergleich besser da. Schafft die Hochkirche ab und ich würde England, was immer geschieht, an mein Herz drücken und diese neue Liebe (zu Amerika) ohne Qualen und ohne einen Moment zu zögern wieder aufgeben.[104]

Die vor der Reise gegebene Zusicherung, die Alte Welt nicht zum Maßstab der Beurteilung machen zu wollen, war längst vergessen – in der Fremde fühlte er sich als patriotischer Engländer mit *einer Sehnsucht nach unseren englischen Gebräuchen und englischen Sitten*[105]. Von nun an sang er allabendlich «Home, Sweet Home», wenn er sich von Dampfschiffahrten über den schlammigen Mississippi oder der ermüdenden Öde der Prärie ausruhte. Das Naturspektakel der Niagarafälle beeindruckte ihn zum Ärger der Amerikaner mehr von der kanadischen Seite, wo er wieder halbwegs heimischen Boden unter sich fühlte. Trotz des aggressiven Toryismus der königstreuen angelsächsischen Siedler fand er genug Berührungspunkte mit den Kanadiern, deren freundliche Reserve sich von der tyrannischen Gastfreundschaft der Amerikaner wohltuend unterschied. In Montreal inszenierte er drei Stücke (an einem Abend), in denen er und Kate auch die Rollen übernahmen, mit derart komischer Bravour, daß *die Leute vor Lachen brüllten*[106]. Und endlich, in einem Brief an Forster, ein siebenfaches *«HOME!»* mit elf Ausrufezeichen . . .[107]

Die in den *American Notes* zusammengefaßten Reiseberichte wurden von der amerikanischen Presse mit kalkulierter Entrüstung aufgenommen, obgleich sich Dickens redlich Mühe gegeben hatte, seine aufgebrachten Gefühle zu dämpfen und die Gastgeber mit großzügigem Lob zu überschütten. Doch selbst die nüchterne Darstellung von Institutionen, die er besichtigt hatte, ließ bei vorurteilsgeladener Lektüre das Gefühl aufkommen, Amerika bestehe vornehmlich aus Strafgefangenen, Irren, Blinden, Tauben und Stummen. «Berühmter Zeilenschinder», «beschränkter, eingebildeter Cockney» und «Blitzreporter» lauteten die Urteile.[108] Die *Notes* waren Dickens' Skandalerfolg, auch wenn sie selten über eine phantasielose Wiedergabe von Oberflächeneindrücken hinausgehen und gewiß nicht zur großen Reiseliteratur des 19. Jahrhunderts gehören. Die Gründe, warum aus dem anfangs enthusiastischen Verhältnis zwischen Besucher und Gastland eine Mesalliance erwuchs, vermögen sie nicht preiszugeben.

Charles Dickens hatte eine idealistische, dynamische Gesellschaft erwartet, die sich aber nach seiner Copyright-Rede als gewinnsüchtig und egoistisch herausstellte. Amerika wiederum hatte einen idealistischen, kultivierten Dichter erwartet, der jedoch plötzlich über Geld sprach und, noch schlimmer, damit eigene materielle Ansprüche verband. Dickens freute sich auf den Triumph des «Unvergleichlichen», doch als die ehrenden Einladungen erdrückend wurden, zog er es vor, seine Hotelrechnungen selbst zu begleichen (wobei er gehörig übervorteilt wurde). Amerika war überschwenglich bereit, ihm den Triumph zu gewähren, reagierte aber mit Wut, als seine Gastfreundschaft zurückgewiesen wurde. Der Drang, bewundert zu werden, herrschte auf beiden Seiten und löste auch beiderseits eine Überempfindlichkeit aus, als die psychologische Gleichgestimmtheit mit interessebestimmten Gegensätzen zusammentraf. Vielleicht fand sich der noch junge, aufsteigende Dichter im jungen, aufsteigenden Amerika deshalb so schwer zurecht, weil jeder im idealistischen Anspruch des anderen nur eine Fassade der eigenen enttäuschten Hoffnungen entdeckte. Freunde hatte Dickens vornehmlich bei seinem amerikanischen Dichterkollegen gefunden, die ihm in einer vermeintlich kulturfeindlichen Nation als Garanten europäischer Traditionen erschienen: Longfellow, Washington Irving, Edgar Allan Poe.

Martin Chuzzlewit zeigt die Reiseerfahrungen von ihrer unerquicklichsten Seite. Als der Titelheld vom Autor wegen anfänglicher Absatzschwierigkeiten nach Amerika geschickt wird, um dort von seiner Selbstsucht kuriert zu werden, trifft er auf eine prahlerische, habgierige Gesellschaft, die ihren Freiheitsmythos allein mit vulgärer «smartness» und brutaler Gewalt verteidigt. Es ist eine in den Erzählkontext des Romans nur mühsam integrierte, äußerst bittere Satire, die in der Darstellung des «häßlichen Amerikaners» Mr. Chollop einen ressentimentgeladenen Höhepunkt erreicht: *Mr. Chollop war, natürlich, einer der bemerkenswertesten Männer im Land, aber darüber hinaus auch wirklich eine berühmte Person. Seine Freunde im Süden und Westen pflegten ihn als ein «prächtiges Exemplar von unserem eingeborenen rauhen Stoff, Sir», zu bezeichnen; und er genoß hohes Ansehen wegen seiner Verehrung einer vernünftigen Freiheit, für deren Verbreitung er gewöhnlich ein Paar Trommelrevolver zu je sieben Schuß in der Rocktasche mit sich führte . . . Mr. Chollop war ein Mann von unsteten Neigungen, und in jeder minder fortschrittlichen Gemeinde hätte man ihn wohl irrtümlich für einen unverbesserlichen Vagabunden gehalten. Aber da seine edlen Eigenschaften in jenen Gegenden, wohin ihn sein Schicksal verschlagen hatte und wo viele ihm verwandte Gemüter lebten, vollkommen verstanden und gewürdigt wurden, kann man ihn als unter einem glücklichen Stern Geborenen betrachten, was bei einem Mann, der seiner Zeit so weit vorausgeeilt ist, nicht immer zutrifft. Da er es vorzog, mit der Aussicht, seine kitzlerischen und rippengefährdenden Neigungen zu befriedigen, an den äußersten Grenzen der menschlichen Gesellschaft und in den entlegensten Städten und Gemeinden zu wohnen, hatte er die Gewohnheit, von Stadt zu Stadt zu wandern, um in jeder ein Geschäft – gewöhnlich eine Zeitung – einzurichten, das er bald wieder verkaufte. Dieser Handel schloß meist damit, daß er dem neuen Herausgeber mit Herausforderungen, Messerstichen, Pistolenkugeln oder Augenausdrücken zusetzte, ehe dieser noch ganz von seinem Eigentum Besitz ergriffen hatte. Um eines solchen Geschäftes willen war er nun auch nach Eden gekommen, hatte aber seinen Plan wieder aufgegeben und stand jetzt im Begriff, abzuziehen. Er stellte sich den Fremden stets als Verehrer der Freiheit vor, war ein beharrlicher Anwalt der Lynchjustiz und der Sklaverei und empfahl unweigerlich in Rede und Schrift, jede unpopuläre Person, die anderer Meinung war als er, zu teeren und zu federn. Das nannte er «das Aufpflanzen des Banners der Zivilisation in den wilderen Gärten unseres Vaterlandes».* [109]

Doch *Martin Chuzzlewit* bedeutete nicht nur eine Erweiterung des Schau-

Von Geld ist die Rede, von wem noch?

Die Vermögen zweier Frauen . . .

... zerrannen unter den Händen des ausschweifenden Herrn Papa in Nichts. Die zweite seiner Ehefrauen mußte schon ein Jahr nach der Hochzeit ihr Gut verkaufen, um die Schulden ihres Mannes zu bezahlen. Es blieben ganze 3000 Pfund übrig. Sie trennte sich von dem Verschwender und brachte als Andenken an ihn einen Sohn zur Welt, den sie in ihrer hysterischen Art mal abgöttisch liebte, mal mit fürchterlichen Wutanfällen traktierte. Die Finanzlage war nicht weniger katastrophal als die seelische Verfassung der Mama. Erst eine Pension von 300 Pfund pro Jahr aus der Zivilliste des Königs brachte Erleichterung.

Als der Junge, von dem hier die Rede ist, zehn Jahre alt war, erbte er Titel und Güter seines Großonkels. Das ermöglichte ihm später ein Studium in Cambridge. Obwohl er kränklich war und auf einem Bein lahmte, tat er sich, wo immer möglich, im Sport hervor. Er wurde ein guter Kricketspieler, ein ausdauernder Schwimmer (auf einer späteren Reise durchschwamm er, klassischem Vorbild folgend, die Dardanellen) und ein begeisterter Segler. Aber zeitlebens vermied er es, viel zu gehen, wenn andere zusehen konnten. Denn abgesehen von seinem Beinleiden war er für seine Zeitgenossen der Inbegriff eines schönen Mannes, mehr noch für seine Zeitgenössinnen. Und er wußte diesen Ruf gebührlich zu mehren. Seine Affären mit verheirateten Frauen nahmen zeitweilig das Ausmaß von Skandalen an. In England wurde er recht bald gesellschaftlich vollends geschnitten, und so lebte der Abgeordnete des Oberhauses fortan außer Landes, erst in der Schweiz, dann in Italien, zuletzt in Griechenland, wo er die Freiheitsbewegung mit Geld und Rat unterstützte. Hier fand er schließlich den Tod, im Alter von 36 Jahren, berühmt und gefeiert als freiheitsliebender Held und romantischer Dichter. Von wem war die Rede?

(Alphabetische Lösung: 2-25-18-15-14)

platzes, sondern auch der erzählerischen Gestaltungsmittel. Es ist der erste Roman von Dickens, in dem ein Thema – menschliche Selbstsucht und familiärer Egoismus – innerhalb einer Handlung konsequent entwickelt wird, auch wenn äußeres Geschehen und psychologisches Drama noch etwas unvermittelt nebeneinanderstehen. Zum erstenmal auch zeichnet Dickens in der von Tigg Montague alias Montague Tigg geführten Anglo-Bengalischen Kredit- und Lebensversicherungsgesellschaft eine betrügerische Institution, die sinnbildhaft für eine auf Betrug aufgebaute Gesellschaft steht – so wie später in *Dombey und Sohn, Bleak House* und *Little Dorrit* die Firma Dombeys, das Kanzleigericht und das Circumlocution Office auf die kalten, menschenverachtenden Mechanismen hinweisen, die einem verselbständigten Zweck- und Gewinndenken zugrunde liegen.

Daß der Roman sein zentrales Thema letztlich doch zugunsten einer bitter-prägnanten Szenen- und Charakterbeschreibung vernachlässigt, kann damit erklärt werden, daß er in Dickens' Schaffen eine noch ungewisse Übergangsphase markiert. Die laue Aufnahme durch das Publikum – *Martin Chuzzlewit* brachte nur ein Fünftel der Einnahmen vom *Raritätenladen* – verweist auf Dickens' schwieriges Unterfangen, bei seinen Lesern neue Erwartungen zu wecken, die der eigenen künstlerischen Entwicklung nicht im Wege stehen sollten. Allein schon die stilistischen Eigenheiten, der lakonische Sprachduktus, ein gegenüber dem Frühwerk variabel gestalteter Satzbau und eine kühne Interpunktion sind erste Anzeichen einer veränderten Wirklichkeitswahrnehmung, mittels derer auch bald komplexere Themen- und Motivzusammenhänge zur sinnfälligen Anschauung gebracht werden. Die Licht- und Schattenwelt der früheren Romane bekommt nun ihre Nuancen und Grautöne. Die Bemerkung des englischen Schriftstellers Henry Crabb Robinson, er wolle *Martin Chuzzlewit* kein zweites Mal lesen, «so allgemein widerwärtig seien die Charaktere und Geschehnisse»[110], kann als Reaktion auf Dickens' geschärften Blick gewertet werden. Der selbstherrliche alte Martin Chuzzlewit, der ölige Heuchler Pecksniff, der gewiefte Schwindler Montague und der Mörder Jonas Chuzzlewit gehören – trotz aller Oberflächenkomik und Melodramatik – in eine andere Kategorie als etwa die Figuren in *Oliver Twist*. Ihre Laster sind weniger attraktiv und deshalb um so beunruhigender. So repräsentiert Pecksniff ein Zerrbild viktorianischer Tugendethik, deren unbedingter Anspruch nicht mehr erfüllt werden kann, weil an Stelle einer wie immer einzuschätzenden Moral nur mehr die Beschäftigung mit der Moral getreten ist. Seine Beschreibung vollzieht sich in einer teils sarkastisch-nüchternen, teils metapherngesättigten Sprache, wie sie der seiner stilistischen Mittel bewußt gewordene Dickens immer mehr vervollkommnen sollte: *Wir haben bereits bemerkt, daß Mr. Pecksniff ein moralischer Mann war. Ja, das war er. Vielleicht hat es nie einen moralischeren gegeben, namentlich in seiner Unterhaltung und Korrespondenz. Einer seiner redlichen Bewunderer hat einmal von ihm gesagt, er trage in seinem Innern Fortunats Säckel, unerschöpflich an edlen Grundsätzen. In dieser Hinsicht war er wie die Jungfer im Märchen, nur daß nicht wirkliche Diamanten von seinen Lippen fielen; aber es waren doch die glänzendsten Nachahmungen von wundervollem Feuer. Er war ein musterhafter Mann mit mehr Sittensprüchen als ein Schulheft. Einige Leute verglichen ihn mit einem Wegweiser, der einem immer die Richtung zu einem Ort angibt, aber*

*nie selbst hingeht; aber das waren seine Feinde – nichts als die Schatten, die
sein Glanz erzeugte. Sogar seine Kehle war moralisch. Man konnte ein gut
Teil von ihr sehen: man brauchte nur über die sehr niedere Umzäunung
einer weißen Halsbinde hinwegzusehen, von der nie jemand den Knoten
gesehen hat, weil er sie hinten zuband, und da lag sie vor Augen, ein Tal
zwischen zwei Vorgebirgen von Vatermördern, heiter und bartlos. Sie schien
im Namen Mr. Pecksniffs zu sagen: Da ist keine Täuschung, meine Damen
und Herren; alles ist Friede, heilige Ruhe erfüllt mich!* [111]

Mit Mrs. Gamp, der Hebamme und Krankenschwester, gelang Dickens die
vielleicht vollkommenste Darstellung eines Typus, der über sein karikatu-
renhaftes Äußeres zu einer ebenso konkreten wie mysteriösen Gestalt hin-
auswächst. Die ständige Konfrontation mit Geburt und Tod verleiht dieser
alten Frau mit roter Ginnase und feuchten Augen eine archetypische Aura,
die auch in Mrs. Gamps Sprache – von ebenso brutaler wie sentimentaler
Direktheit – sinnfällig zum Ausdruck kommt. Obgleich sie nicht mehr ist als
eine arme Frau aus der Unterschicht, besitzt sie doch Geheimnisse, die ihr
eine besondere gesellschaftliche Position verleihen: Sie ist wissende Zeugin
jener beiden Momente im Leben eines Menschen, da die Natur alle durch
Konventionen geschaffenen Unterschiede nivelliert. Dieses Wissen gibt ihr
Macht. Und so erhebt sie sich über die graue Wirklichkeit von Betrug,
Anmaßung und Heuchelei mittels einer respektlosen, zuweilen kruden Komik, die sie gegen die egoistische Logik ihrer Umgebung feit.

VON MENSCHLICHER WÄRME IN KALTER WELT

«WEIHNACHTSERZÄHLUNGEN» – «DOMBEY UND SOHN»
«DAVID COPPERFIELD»

Seit seiner Amerika-Reise war Dickens von einer inneren und äußeren
Unruhe ergriffen, für die sich mehrere Erklärungen anbieten. Die später von
ihm selbst gegebene war seine in Hektik umschlagende Sehnsucht nach
Ruhe, die durch die häuslichen Mißstimmungen geweckt wurde. Immer
wieder in den folgenden zwölf Jahren flüchtete er aus London, aber auch aus
England, um dann nach den Strapazen, die die Verarbeitung neuer Eindrücke
mit sich brachte, erschöpft heimzukehren. Ein zweiter Grund lag wohl im
selbstgewählten Spannungszustand, der ihn für die empfindliche Balance
zwischen Publikumsgunst und dem Begehen neuer Wege sensibilisierte.
Obgleich sich Dickens mit eiserner Disziplin zum Schreiben zwang, führte er
keine bloße Schreibtischexistenz, sondern versuchte seine künstlerische
Fortentwicklung durch intensiven Kontakt mit der Außenwelt – auch in
fremden Ländern – und durch ständige Horizonterweiterung zu sichern.
Beginnend mit *Dombey und Sohn* zeichnet sich überdies sein Bemühen ab,
ein kritisch ausgeleuchtetes Panorama seiner Gesellschaft zu entwerfen, das
zwar nicht mit der planerischen Konsequenz eines Balzac oder (wie nach ihm)
eines Zola konzipiert wird, aber doch neue Dimensionen zum Verständnis
sozialer und psychologischer Vorgänge erschließt.

Nach einer Reise nach Manchester verfaßte Dickens seine erste Weih-

Mr. Pecksniff und seine reizenden Töchter. Illustration von Phiz

nachtserzählung *A Christmas Carol*, wobei er *weinte und lachte und wieder weinte* [112] in Erinnerung an seine Londoner Jugendtage, als er nächtelang durch die verlassenen Straßen wanderte. Seine Absicht war es, mit einer ebenso melancholischen wie herzzerreißenden Geschichte unmittelbar an die Gefühle einer breiten Leserschicht zu appellieren. Chapman & Hall, deren Geschäftsgebaren nach dem *Chuzzlewit*-Reinfall Dickens mehr und mehr zur Wut reizten, druckten das neue Buch im Auftrag des Autors, der die gesamte Kosten übernahm. Der Verkaufspreis war mit 5 Shilling extrem niedrig angesetzt, und doch beharrte Dickens auf einer großformatigen, reich illustrierten Ausgabe, die nicht nur das Gemüt, sondern auch das Auge erfreute. Das alljährliche Erscheinen einer Weihnachtsgeschichte – später als fester Bestandteil seiner Zeitschrift «Household Words» – gehörte hinfort zu Dickens' erfolgreichstem Versuch, unabhängig von den großen Romanen einen festen Leserstamm an sich zu binden. Das christliche Fest als Erscheinungstermin und inhaltlicher Angelpunkt war keine zufällige Wahl, sondern lieferte gleichsam den Kern der Dickensschen Philosophie. Keine abstrakte theologische Aussage steht hierbei im Mittelpunkt, kein weltentferntes mystisches Erlebnis, sondern die einfache Tatsache, daß sich Menschen guten Willens zu Weihnachten gesellig zusammentun und am Frohsinn der anderen teilhaben, ohne selbst auf die irdischen Genüsse eines reich gedeckten Gaben- und Eßtischs verzichten zu müssen. Diese private Menschlichkeit steht in unversöhnlichem Kontrast zu einer Außenwelt, die nur mehr den Gesetzen des Wettbewerbs und der rücksichtslosen Verfolgung des Eigeninteresses huldigt. Ebenezer Scrooge, eine karikaturistisch überzeichnete Spezies des homo oeconomicus, nennt Weihnachten einen Humbug, weil es mit Gefühlen und Bräuchen verbunden ist, die ihm fremd sein müssen. Das Gespenst seines verstorbenen Partners Marley, an die Ketten seiner früheren Untaten gefesselt, gibt ihm noch drei Chancen, dem gleichen Schicksal zu entgehen. Scrooge wird von drei Geistern heimgesucht, dem Geist vergangener Weihnachten, der ihn durch Kindheit und Jugend führt und an alle vertanen Möglichkeiten für ein sinnvolles Leben gemahnt, dem Geist des gegenwärtigen Weihnachten, der ihm die arme, aber glückliche Cratchit-Familie mit dem todgeweihten Kind Tiny Tim vorstellt, und dem Geist des künftigen Weihnachten, der Scrooge dessen eigenen, unbetrauerten Tod vor Augen führt, während Tiny Tim im Gedächtnis seiner Mitmenschen lebendig bleibt. Als der alte Geizkragen und Menschenfeind am Weihnachtsmorgen aufwacht, ergreift er – von tätiger Reue gepackt – freudig die letzte Gelegenheit einer veränderten Existenz, schickt den Cratchits einen riesigen Truthahn, besucht seine erstaunten Verwandten, erhöht den Lohn seines Lehrjungen Bob und sorgt für Tiny Tim, der nun doch nicht zu sterben braucht. Die Geister sind es zufrieden und lassen Scrooge fortan in Ruhe.

Diese Parabel von sozialer Sündhaftigkeit und humaner Erlösung läßt sich leicht, allzu leicht, als ein Dokument bloßen Wunschdenkens kritisieren, da das von Scrooge vertretene ökonomische Prinzip gewiß nicht durch übernatürliche Bekehrung zu mehr Menschlichkeit aufhebbar wird. Doch ist die *Weihnachtserzählung* in ihrer stilisierten Einfachheit und allegorischen Kraft so offensichtlich sinnbildhaft überhöht, daß die erreichte emotionale Wirkung alle möglichen rationalen Einwände gleichsam widerstandslos entkräftet. Dickens' Evangelium der Nächstenliebe und guten Nachbarschaft weckt beim Leser verschüttete Erinnerungen an Mythen der Kindheit, Erinnerungen an eine kalte Außenwelt und heimische Wärme, an geheimnisvolle Verwandlungen und gute Geister, die das Unmögliche über Nacht möglich machen. Neutestamentarische Gleichnishaftigkeit, viktorianische Erzählphantasie und konkrete Beobachtung von Gefühlsreaktionen sind hierbei völlig miteinander verwoben. Der Leser muß nicht eigens auf Bedeutungssuche gehen, was wohl mit Scrooges Betragen und den einzelnen Geisterauftritten «gemeint» ist, sondern er darf sich ganz der Geschichte selbst anvertrauen, die nur erwachsene Ungläubigkeit als sentimental, unrealistisch und gedanklich konfus bezeichnen würde. Der Angriff auf Benthams Utilitaris-

Scrooge und Marleys Geist. Illustration von John Leech

muslehre (vereinfacht: der Doktrin vom menschlichen Selbstinteresse und Eigennutz als Triebfedern sozialen Handelns) ist mit emphatischer Schlichtheit geführt, etwa wenn Scrooge aufgefordert wird, Almosen für die Armen zu geben:

«Sie wünschen ungenannt zu bleiben?»

«Ich wünsche allein gelassen zu werden!» sagte Scrooge. «Wenn Sie wissen wollen, was ich wünsche, meine Herren, so ist dies meine Antwort. Ich selbst mache mir zu Weihnachten auch keine guten Tage und kann nichts dazu beitragen, sie Müßiggängern zu verschaffen. Ich helfe bereits, die vorerwähnten Anstalten (Gefängnisse, Arbeitshäuser, Tretmühle) zu unter-

halten – sie kosten genug, und wem es schlimm geht, der mag sich dorthin wenden.»

«Viele können nicht dorthin gehen; und viele würden lieber sterben.»

«Wenn sie lieber sterben», versetzte Scrooge, «so sollen sie es nur tun und so die überflüssige Bevölkerung vermindern. Außerdem – Sie entschuldigen – verstehe ich davon nichts.»

«Aber Sie könnten es verstehen», bemerkte der Herr.

Manuskriptseite aus der «Weihnachtserzählung»

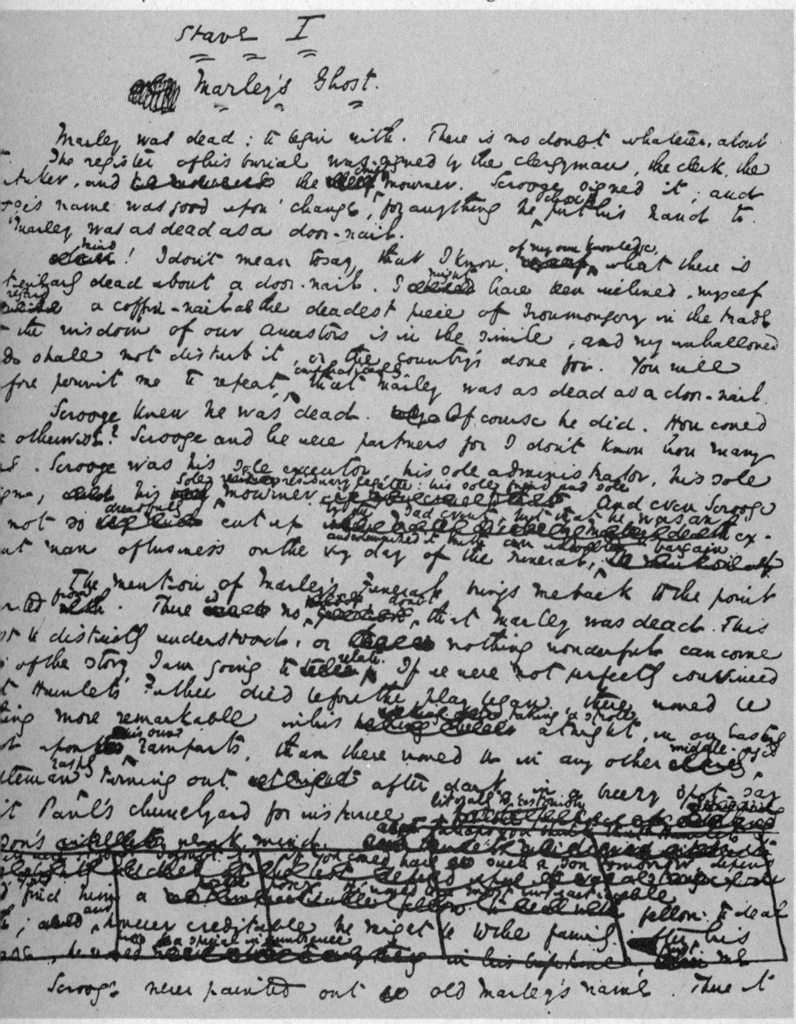

Stave I

Marley's Ghost.

Marley was dead: to begin with. There is no doubt whatever about that. The register of his burial was signed by the clergyman, the clerk, the undertaker, and the chief mourner. Scrooge signed it; and his name was good upon 'Change, for anything he put his hand to. Marley was as dead as a door-nail.

«Das ist nicht meine Sache», erwiderte Scrooge. «Es genügt, wenn ein Mann seine eigene Sache versteht; er braucht sich nicht mit denen anderer zu befassen. Die meinen nehmen mich ganz in Anspruch. Guten Abend, meine Herren!»[113]

It's not my business, lautet die Originalstelle, was im idiomatischen Gebrauch soviel heißt wie Das ist nicht meine Sache, das geht mich nichts an. Im weiteren Kontext wird der Ausdruck auf seinen Ursprung gebracht: Das ist nicht m e i n Geschäft. Soziale Gleichgültigkeit ist bei Dickens ein Synonym für egoistische Geschäfts- und Kapitalinteressen, die freilich durch eine philanthropische Grundhaltung und private Caritas zu überwinden sind. Dickens hat zwar wiederholt darauf hingewiesen, daß auch Menschlichkeit käuflich ist und dem Selbstgefühl derer, die sie üben, schmeicheln kann, doch glaubte er zutiefst an Wohltätigkeit aus Eigeninitiative. So gründete er 1846 zusammen mit der Millionärin Angela Burdett-Coutts ein Heim für gefallene Mädchen (meist Strafentlassene) im Londoner Stadtteil Shepherd's Bush.

Angela Burdett-Coutts. Gemälde von J. R. Swinton

Urania Cottage, wie sich diese Privatinstitution nannte, sollte den Frauen den Absprung in ein prosperierendes Eheleben in den australischen Kolonien sichern helfen. Trotz eines internen Notensystems für gutes und schlechtes Betragen sorgte Dickens dafür, daß allzu puritanische Moralvorschriften, farblose Uniformen und Anstaltsdrill von den Insassinnen ferngehalten wurden. Er plädierte für ein Erziehungsideal, das bürgerliche Tugend und proletarische Sinnesfreude nicht gegenseitig ausschloß. Diese Mischung aus paternalistischer Strenge und liberalradikaler Grundhaltung bestimmte insgesamt sein Verhältnis zu den unteren Schichten – ein ambivalentes Verhältnis ganz gewiß, das ihn später noch in ein tiefes Dilemma bringen sollte.

Diese italienischen Schlösser, leuchtend an sonnigen Tagen und fahl in Mondlichtnächten, wie ich sie in der Luft erbaue! [114] Dickens spricht hier nicht von phantastischen Luftschlössern, sondern von wohlüberlegten Aufenthaltsplanen in Italien. Nach dem Bruch mit Chapman & Hall, die er für die schmalen Gewinnmargen seiner überaus erfolgreichen *Weihnachtserzählung* verantwortlich machte, und seinem darauf folgenden Wechsel zu den Verlegern Bradbury & Evans zog er im Juli 1844 mit seiner Familie in eine Villa in Genua, *ein ganz schön altes, ruheloses, geisterhaftes, hallendes, düsteres, schäbiges Haus* [115]. Das in Massen auftretende Kleingetier empfand er dort ebenso als persönliche Belästigung wie die (in seinen protestantischen Augen) unangenehm zahlreichen Priester, Mönche und Jesuiten. Der katholischen Prachtentfaltung konnte er angesichts bäuerlicher Armut nichts abgewinnen, einzig das Marionettentheater Genuas, das Napoleons Tod respektlos persiflierte, gehörte zu den erinnerungsträchtigen Vergnügungen des Autors, der wohl im italienischen Pinocchio den englischen Punch seiner frühen Kindheit wiedererkannte. Noch im Frühherbst zogen die Dickens in einen weit freundlicheren Palazzo, wo die zweite Weihnachtserzählung *Die Glocken* (*The Chimes*) entstand – in peinvoller Assoziation an das Kirchengeläute in Genua, *unmelodischen, knirschenden, dissonanten, scheußlichen Tönen, die meine Gedanken in einen permanenten Wirbel versetzten, bis sie sich in einem Taumel von Plage und Schwindeligkeit verloren und tot herabfielen* [116].

Wie schon in Amerika sehnte sich Dickens verzweifelt nach London zurück, doch war es eine aus der Entfernung gehegte Haßliebe, die auch *Die Glocken* zu einer bitteren Abrechnung mit den politischen und sozialen Zuständen seines Mutterlandes macht. Die in der Geschichte auftretenden Repräsentanten der Macht, Alderman Cute und Sir Joseph Bowley, stilisieren sich zu wohltätigen Freunden der armen Leute, ein jeder auf seine Art: Cute, der «praktische» Vertreter malthusianischer Bevölkerungspolitik, *ein famoser Mann für das einfache Volk*, pflanzt in das Herz des alten Trotty den Paria-Komplex der Nichtsnutzigkeit; Sir Joseph, *des armen Mannes Freund*, ein «aufgeklärter» Konservativer nach Art Disraelis, verbirgt hinter seiner väterlichen Bonhomie und moralischen Erbauungspose die tiefe Verachtung, die er trotz gegenteiliger Beteuerungen der arbeitenden Klasse entgegenbringt. Beide Männer verkörpern nicht mehr – wie noch Scrooge – moralische Fehlhaltungen von einzelnen, sondern generelle politische Denkrichtungen, die in den Forderungen des aufsässigen Landarbeiters Will Fern einen aggressiven Gegenstoß erhalten: *«Glaubt ja nicht, daß ich das in eigener Sache sage!» rief Fern. «. . . Gebt uns, wenn wir in der Wiege liegen,* aus Barmherzigkeit ein besseres Heim; reicht uns bessere Kost, wenn wir für unsern Unterhalt arbeiten; gebt uns wohlwollendere Gesetze, die uns auf den rechten Weg zurückführen, wenn wir von ihm abkommen; und stellt uns nicht, wohin wir uns auch wenden, immer nur das Gefängnis, das Gefängnis und noch einmal das Gefängnis in den Weg! ... Bringt den rechten Geist zurück, ihr vornehmen Leute! Bringt ihn zurück, ehe der Tag kommt, da im veränderten Geist des Arbeiters selbst die Bibel eine andere Gestalt gewinnt und ihm ihre Worte erscheinen, wie sie mir bisweilen im Gefängnis vorkamen: ‹Wohin du gehst, da kann ich nicht hingehen; wo du wohnst, da wohne ich nicht; dein Volk ist nicht mein Volk, und dein Gott ist nicht mein Gott!›»[117] In Wills Rede ist zum erstenmal ein kollektives «wir» in Abgrenzung gegen die Herrschenden gebraucht. Disraelis berühmtes Wort von den zwei Nationen in einer (der armen und der reichen) ist hier nicht weit. Trotz aller romantischen Erzählarabesken bediente sich Dickens diesmal eines härteren, unversöhnlicheren Tons. Dennoch: Als er während eines vorweihnachtlichen Kurzbesuchs in London die Geschichte einem ausgewählten Kreis von Freunden vorlas, löste sie bei Macready Tränen aus – erstes Indiz für die emotionale Wirkung seines Vortrags, die er in seinen späteren Lesungen noch voll auskosten sollte.

Nach einem Zwischenaufenthalt in Paris, wo er mit den großen französischen Künstlern seiner Zeit (Hugo, Dumas, Gautier, Michelet, Delacroix und Vigny) zusammentraf, kehrte Dickens nach Genua zurück. Dort hatten er und seine Familie Bekanntschaft mit dem Schweizer Bankier De La Rue geschlossen, dessen Frau an einem nervösen Tick und Halluzinationen litt. Dickens hatte seine hypnotischen Kräfte an, die er schon an Kates Kopfschmerzen erprobt hatte, und behandelte Mme De La Rue mit Hilfe des Mesmerismus, einem nach seinem Erfinder Mesmer benannten animalen Magnetismus. Die telepathische Verbindung zur in den Tiefschlaf versetzten Patientin mißfiel der eifersüchtigen Kate so sehr, daß Dickens den De La Rues *eine schmerzliche Erklärung ihrer* (Kates) *geistigen Verfassung*[118] machen mußte, die der Behandlung ein Ende setzte und ihn in seinem Stolz tief verletzte. Daß er gezwungen war, seiner Frau in einer Angelegenheit nachzugeben, in der er sich schuldlos und überdies nützlich wußte, würde er nie vergessen.

Trotz dieser familiären Disharmonie war der einjährige Italien-Aufenthalt ein erfreulicher Abschnitt in seinem Leben. Dickens genoß die Freundlichkeit und den gutmütigen Humor der einfachen Bauern, die Lieblichkeit der Landschaft und die Abwesenheit jeglichen Rummels um seine Person. Sein Einblick in die kulturellen und politischen Traditionen des Landes war kaum größer als der eines beliebigen englischen Touristen, der den auf Schultern herumgetragenen Papst mit einer Guy-Fawkes-Puppe vergleicht.[119] Aktivitäten, die seinem rastlosen Naturell mehr entsprachen als Museumsbesuche und pompöse Umzüge, warteten mittlerweile in London auf ihn, wohin er in einer riesigen Kutsche über die Alpen zurückeilte.

Schon früher hatte sich Dickens mit dem Gedanken getragen, eine reformerisch-liberale Tageszeitung herauszugeben, die ein politisches Gegengewicht zur allmächtigen «Times» (damalige Auflage: ca. 25 000 Exemplare) bilden sollte. Ein bürgerliches Massenblatt war vorgesehen, das einer privilegierten Minderheit die Leviten las und die allgemeine Wohlfahrt des englischen Volkes propagierte. Jetzt, da seit 1841 die Tories unter Sir Robert Peel

ihre fortschrittshemmende Unfähigkeit jedermann im Lande bewiesen, wollte Dickens zur publizistischen Offensive übergehen. Die «Daily News» sollte nach seinem Willen *eine mächtige Verbindung von Energie, Erfahrung und Geld* repräsentieren.[120] Unter den Beiträgern befanden sich viele talentierte Freunde (selbst John Dickens konnte sich als Parlamentsreporter endlich einmal nützlich machen), doch ebenso wichtig waren die Financiers, unter ihnen nordenglische Industriemagnaten und Joseph Paxton, der spätere Erbauer des Kristallpalastes für die Londoner Weltausstellung. Kurz vor Erscheinen der ersten Nummer lancierte die «Times» noch einen gezielten Verriß von Dickens' neuer Weihnachtsgeschichte *Das Heimchen am Herd* (*The Cricket on the Hearth*), doch war die Panik der Konkurrenz auf längere Sicht unbegründet. In der redaktionellen Absichtserklärung entwarf Dickens ein Programm, das seine eigenen Glaubenssätze in nuce wiedergibt: *Die Prinzipien, wie sie von der «Daily News» vertreten werden, sind die des Fortschritts und der Reform, der Erziehung, der bürgerlichen und religiösen Freiheit und einer gerechten Gesetzgebung – Prinzipien, wie sie nach Ansicht ihrer Herausgeber der vorwärtsschreitende Zeitgeist erfordert, die Lage unseres Landes erzwingt und Gerechtigkeit, Vernunft und Erfahrung rechtmäßig sanktionieren.*[121] Der Startschuß für die Zeitung fiel in einer staatlichen Krisensituation: Die Hungersnot in Irland und eine miserable Ernte in England spalteten die Tory-Regierung in der Frage, ob die Getreidezölle aufgehoben werden sollten, und zwangen Robert Peel unter dem Druck der Öffentlichkeit und gegen die Mehrheit in seiner eigenen Partei mit der Vergangenheit radikal zu brechen. Der ökonomische Liberalismus des Mit-

telstandes hatte sich gegen die protektionistischen Interessen der Oberschicht durchgesetzt und eine bedeutende Barriere in der Entwicklung Englands zur bürgerlichen Industriegesellschaft beseitigt. Die «Daily News» erschien just am Morgen nach jener stürmischen Parlamentssitzung, als der wiederernannte Premier Peel den Forderungen Cobdens (des Führers der Freihandelsbewegung) nachgegeben hatte. Obgleich hastig redigiert und nachlässig gedruckt, war dem Blatt dank der Aktualität seiner Berichterstattung ein glänzender Anfangserfolg beschert, der sich mit den nachfolgenden Nummern stabilisierte. Doch sehr schnell zeigte sich, daß die Geldgeber die Ziele der Zeitung mit den Zielen der nordenglischen Eisenbahninteressen verwechselten und ihren eigenen industriellen, zudem korruptionsverdächtigen Ehrgeizplänen zu einem publicitystarken Sprachrohr verhelfen wollten. Dickens, der sich in seiner kompromißlosen Kontrolle der «Daily News» zurückgedrängt sah, trat schon nach neunzehn Tagen bzw. siebzehn Ausgaben ebenso spontan zurück, wie er sich des Projekts angenommen hatte. Zur Erfahrung des Romanautors, daß unzureichende Verträge den künstlerischen Impuls lähmen, gesellte sich die Erfahrung des publizistischen Herausgebers, daß freie Meinungsäußerung ohne finanzielle Selbstbeteiligung ihre Grenzen kennt. Dieser Lernprozeß war bestimmend für Dickens' weitere Unternehmungen auf journalistischem Gebiet.

Wieder drängte es ihn ins Ausland, diesmal nach Lausanne, wo ihn statt der italienischen Flöhe die Fliegen plagten. Nach den Niagarafällen und dem Vesuv war nun der große Bernhard ehrfurchterweckendes Touristikziel. Die Bezeichnung «Amerikaner des Kontinents» lehnte er für die Schweizer strikt

TITANIA DICKENS TO BOTTOM, THE DAILY NEWS.

Illustration zur Gründung der «Daily News» in «Mephistopheles», 1846

ab, deren protestantische Bürgertugenden er enthusiastisch vermerkte: *Ich habe noch nie Menschen gesehen, die ihre Arbeit mit so wahrhaft großer Willenskraft verrichteten. Und was Reinlichkeit, Ordnungssinn und absolute Verläßlichkeit betrifft, sind sie ohne Konkurrenz ... Sie sind ein Dorn im Fleisch der europäischen Despoten.*[122] Die lange Romanpause seit *Martin Chuzzlewit* beendete er mit der Abfassung von *Dombey und Sohn (Dombey and Son)*, wobei er unter Schreibängsten, schlaflosen Nächten und einem blutunterlaufenen Auge litt. Wie immer war es der Erfolg, der ihn wieder aufrichtete: *Ich fühle mich schon in wahrer Dombey-Laune. Die Dombey-Verkaufszahlen sind GLÄNZEND!* [123] In der Tat entledigten ihn dieser wie alle folgenden Romane jeglicher Geldsorgen, die bislang durch eine pausenlos anwachsende Familie und kostspielige Reisen wachgehalten worden waren. Doch *Dombey und Sohn* bedeutet auch noch in anderer Hinsicht einen Wendepunkt in Dickens' Karriere. Thackeray, der zu gleicher Zeit an «Vanity Fair» («Jahrmarkt der Eitelkeit») arbeitete, stellte entmutigt fest: «Man kann gegen eine solche Macht nicht anschreiben – Man hat keine Chance!»[124] Was immer an erzählerischen Glanzlichtern seine vorangegangenen Romane enthielten, so war hier Dickens zum erstenmal ein brillant durchstrukturiertes Werk gelungen, das nicht zufällig die pikaresk-gemütliche Welt der Regentschaftszeit (1811–20) verläßt und den Aufbruch in eine weniger geruhsame Ära beschreibend mitvollzieht. Nicht daß der Vergangenheit nostalgisch nachgetrauert würde: *«Diese reizenden alten Zeiten»*, schwärmt die ironisierte Mrs. Skewton, *«mit ihren köstlichen Festungen, ihren stimmungsvollen alten Kerkern, ihren bezaubernden Folterkammern, ihren romantischen Rachefeldzügen; ihren pittoresken Angriffsschlachten und Belagerungen und allem, was das Leben so wahrhaft liebenswert macht! Wie*

entsetzlich gesunken wir doch sind!»[125] Dickens teilte den Zukunftsoptimis-
mus des viktorianischen Bürgertums, doch zugleich ahnte er, daß die Entfremdung menschlicher Beziehungen in einem Klima wachsender sozialer
Kälte nicht mehr irgendeiner fortschrittsfeindlichen Aristokratie anzulasten
war. Kompliziertere Mechanismen waren am Werk, die keineswegs nur auf
moralische Fehlhaltungen zurückgeführt werden konnten. Der City-
Geschäftsmann mochte noch so fleißig sein, der Bankier noch so rechtschaf-
fen, der Bürger nach außen hin noch so wohltätig: selbst die bereitwillig
vorgezeigten Tugenden standen unter dem Diktat wirtschaftlicher Notwen-

Der Clerkenwell-Tunnel

digkeiten, die sich unpersönlich in alle persönlichen Beziehungen drängten –
so wie im Buch der Bau der London–Birmingham–Eisenbahnstrecke nicht
nur eine gewaltige Bresche in Wohnviertel schlägt, sondern auch *Gebräuche
und Sitten der ganzen Umgegend*[126] total verändert.

Die Aussage des Romans beginnt bereits mit dem Titel. In voller Original-
länge lautet er *Dealings with the Firm of Dombey and Son, Wholesale, Retail
and for Exportation*, bezeichnet also einen Firmennamen – und einiges mehr:
*Diese drei Worte (Dombey und Sohn) umschlossen den Inbegriff von Mr.
Dombeys Welt. Die Erde war nur für die Handelsgeschäfte von Dombey und
Sohn geschaffen; Sonne und Mond waren da, um das dazu nötige Licht zu
spenden . . . Gewöhnliche Abkürzungen nahmen in Mr. Dombeys Augen
neue Bedeutung an und bezogen sich einzig auf die Firma: A. D. hatte nichts
mit «Anno Domini» zu tun, sondern hieß für ihn jetzt: Anno Dombei – und
Sohn!*[127] Nicht das eigentliche Thema gibt der Titel wieder – sonst müßte er
«Dombey und Tochter» lauten –, sondern die Denkart von Mr. Dombey, der
seinen kränklichen Sohn Paul ausschließlich als Erben von Namen, Wohlstand und Macht betrachtet, während er der kleinen Florence, die für das
Unternehmen «nutzlos» ist, zuerst mit Gleichgültigkeit, nach Pauls Tod mit
offenem Haß begegnet. Die Atmosphäre im Hause Dombey ist von eisiger
Kälte bestimmt, einer Kälte, die nicht mehr nur durch persönliche Bösartig-
keit verursacht erscheint, sondern gleichsam zum «natürlichen Klima» geworden ist, in dem Dombey seine geschäftlichen wie privaten Transaktionen
verrichtet. Übertrug Dickens im Frühwerk zuweilen die Lebhaftigkeit seiner
Personen auf eine animistisch belebte Dingwelt um sie herum, so versetzt
diesmal Mr. Dombeys frostige Förmlichkeit seine ganze Umgebung in Erstarrung: *Es waren dunkle, kalte Zimmer, offenbar in Trauer wie die Bewohner des Hauses. Die Bücher, nach der Größe aufgereiht, sahen in ihren
kalten, harten, glatten Uniformen aus, als dienten sie nur dem einen Zweck,
Kühle zu verbreiten. Der verglaste, verschlossene Bücherschrank schien sich
jede Vertraulichkeit zu verbitten . . . Ein kalter Imbiß, der, in der kalten
Pracht von Glas und Silber aufgetragen, wie ein totes und prächtig aufge-
bahrtes Mahl aussah, nicht wie eine freundliche Erfrischung . . . Der Wein
war so bitter kalt, daß Miss Tox unwillkürlich leicht aufschrie und diesen
Laut nur mit viel Mühe in ein «Hem . . . hem . . .» umzuwandeln vermochte. Das Kalbsfilet kam aus einer so gutgekühlten Speisekammer, daß Mr.
Chick beim ersten Bissen meinte, man gösse ihm bis zu den Zehenspitzen
kaltes Blei in die Glieder. Nur Mr. Dombey war davon unberührt. Man hätte
ihn auf einem russischen Jahrmarkt ausstellen können als Musterexemplar
eines steifgefrorenen Engländers.*[128]

Mr. Dombey ist zwar innerhalb des weiteren Handlungsverlaufs als halbwegs realistische Figur konzipiert, doch stellt er vor allem die Verkörperung
eines Systems dar, das den Menschen in seinen emotionalen Möglichkeiten
verkümmern läßt. *Dombey und Sohn* schildert im Hauptgeschehen den
Erziehungsprozeß eines erwachsenen Mannes, der in seinem Verhältnis
zur Tochter und zur zweiten Frau (der aristokratischen Edith) kläglich
scheitert, bis er sich nach dem Bankrott seiner Firma wieder jenen zuwen-
det, die ihm Hoffnung und Liebe geben. Sicher hat der Roman auch die
Einfachheit einer moralischen Parabel, wenn er einzig nach dem Entwick-
lungsgang seiner Geschichte beurteilt wird. Doch hat Dickens ein Werk

Mr. Dombey bei der Tauffeier. Illustration von Phiz

geschaffen, dessen Figuren und Erzählsituationen – obgleich konsequent dem zentralen Thema zugeordnet – von weitaus größerer Vielschichtigkeit sind als im Frühwerk und so auch weniger der bloßen Sentimentalität oder Lächerlichkeit anheimfallen. Eine erfinderische Neugier erkundet das komplizierte Geflecht einer veränderten Gesellschaft, die nicht mehr nur in Kategorien privaten Sozialverhaltens eingeteilt werden kann. *Dombey und Sohn* ist «auf der Höhe der Zeit», nicht allein weil es (fast) ein Gegenwartsroman ist, sondern weil die Erzählformen der Vergangenheit zugunsten einer genaueren Erfassung zeitgenössischer Problematiken fortentwickelt erscheinen:

Noch während der Fertigstellung von *Dombey* stürzte sich Dickens in eine

*Charles Dickens als Captain Bobadil in Ben Jonsons «Every Man in his Humour».
Gemälde von Charles R. Leslie*

hektische Theaterarbeit, die ihn von häuslichen Spannungen eine Zeitlang
fernhielt. Seine Komödieninszenierungen von Shakespeare und Ben Jonson
(jeweils mit farcenhaften Nachspielen) versetzten das Publikum in einen
Begeisterungstaumel. Auch als Regisseur strebte Dickens eine absolute Kontrolle an, die neben der Beherrschung aller Aufführungsdetails selbst so
banale Aufgaben wie die Sitznumerierung sowie Druck und Verkauf der
Eintrittskarten umfaßte. Die Erklärung, das Kindheitstrauma von entwürdigenden Abhängigkeiten werde durch die Allround-Kompetenz des Erwachsenen ausgeglichen, wäre gewiß unzulässig spekulativ, wenn nicht der Autor
selbst zu jener Zeit den Beweis dafür geliefert hätte, wie sehr ihn die Erinnerung an vergangene Leiden bedrängte. Zunächst erwog er eine Autobiogra-
phie, die er beim Beschreibungsversuch seiner schmerzlichen Liebe zu Maria
Beadnell abbrach und ins Feuer warf. Forster machte bei der Planung des
neuen Romans den Vorschlag, Dickens sollte ihn in der Ich-Form abfassen –
eine geniale Idee, da die Verarbeitung persönlicher Erfahrungen innerhalb
eines fiktionalen Werkes die Möglichkeit sowohl zur Preisgabe als auch zur

Unterschlagung biographischer Elemente gab. Daß der Name des Helden, David Copperfield, die Initialen von Charles Dickens trug, wurde zu dessen Erstaunen erst von Forster vermerkt. Dickens selbst glaubte, daß *ich es sehr erfinderisch angestellt habe und mit Hilfe einer sehr komplizierten Verflechtung von Tatsachen und Fiktionen*[129]. Und noch in seinem Todesjahr bekannte er: *Von allen meinen Büchern mag ich dieses am liebsten. Man darf mir glauben, daß ich auf jedes Kind meiner Einbildungskraft stolz bin und daß niemand diese Familie so gern haben kann wie ich. Doch wie viele stolze Eltern habe ich im Tiefsten meines Herzens ein Lieblingskind. Und sein Name ist DAVID COPPERFIELD.*[130] So aufschlußreich es sein mag, David Copperfields Geschichte zu biographischen Details aus Dickens' Jugend in Verbindung zu setzen und Vermutungen anzustellen, warum lebensgeschichtliche Fakten unterdrückt bzw. wozu sie verändert wurden (aus der Schuhwichsfabrik wird etwa eine Weinhandlung), so wenig kann dieser Vergleich einen Schlüssel für die enorme Popularität des Romans liefern. Lange Zeit galt er als Klassiker der Weltliteratur, als das Wort «Klassiker» noch auf eine vollendete Ausgewogenheit der Weltsicht hinwies und den Status eines Buchs danach bemaß. Heute, da der ausgleichenden Erzählharmonie nicht mehr so recht getraut wird, gerät auch das Lob von *David Copperfield* gewöhnlich mehr zur verteidigenden Ehrenrettung. Der gewaltige Reiz, den der Roman im spontanen Leseerlebnis auf das Bewußtsein ausübt, liegt vor allem darin, daß die Vergangenheit nicht nur durch ein untrügliches Gedächtnis beschworen, sondern stets auch nach ihrem lebensgeschichtlichen Sinn befragt wird. Die Erziehung des Herzens, bei Flaubert ein desillusionierender Vorgang, gewinnt bei Dickens die Bedeutung einer positiven Lebenshilfe, die «wahres Glück» durch die bekannten Tugenden der Disziplin, Pflichterfüllung und häuslichen Treue anstrebt. Wenn die moderne Kritik *David Coperfield* aufteilt in eine erste Hälfte, da sich der Ich-Erzähler an eine emotionale Realität erinnert, die stärker und schmerzlicher ist als alle Erwachsenenleiden, und in eine zweite Hälfte, da das Ich hinter der Beschreibung der Außenwelt zurücktritt, so ist dieser Bruch nur ein äußerlicher. Denn die Wiedererweckung einstiger Verletzbarkeiten, Irrtümer und Illusionen wäre nutzlos, bliebe nicht ein Lohn für das spätere Leben zurück: *Der Himmel weiß, ich schreibe das nicht, um mich zu loben. Der Mensch, der sein eigenes Leben an sich vorüberziehen läßt, es wie ich Seite um Seite durchgeht, müßte wirklich ein guter Mensch sein, wenn ihm das quälende Bewußtsein von vernachlässigten Talenten, versäumten Gelegenheiten, von irrigen und verkehrten Gefühlen, die sich unaufhörlich in seiner Brust bekriegen und ihm Niederlagen bereiten, erspart bleibe ... Ich habe es nie für möglich gehalten, daß irgendeine angeborene oder angeeignete Fähigkeit ohne Mitwirkung fester, schlichter, keine Mühe scheuender Charaktereigenschaften zum Ziel gelangen könne. Anders läßt sich auf Erden nichts erreichen.*[131]

Der leicht philisterhafte Tonfall dieser und ähnlicher Passagen kann jedoch nicht vergessen machen, daß Dickens die Stadien des Heranreifens mit einer Scharfsichtigkeit und Intensität, aber auch einem psychologischen Verständnis darstellt, die ihresgleichen in der Literatur des 19. Jahrhunderts suchen. Seine Kunst besteht gerade darin, Vorgänge, die sich außerhalb des kindlichen Bewußtseins abspielen, durch den kindlichen Blick derart zu filtern, daß sie ihre angemaßte Selbstverständlichkeit verlieren. So sehr am Ende dem Realitätsprinzip recht gegeben wird, das mit einer mühsamen Orientierung in der Welt der Erwachsenen erkauft werden muß, so groß ist auch das Bedürfnis des Autors und des Lesers, jene geheimnisvollen Winkel der Ängste und Hoffnungen zu erkunden, die sich dem Zugriff eines bloßen Wirklichkeitsdenkens entziehen. Es ist dies ein Grundkonflikt des Autors selbst, der ihn in *David Copperfield* allein deshalb so erfolgreich bewältigte, weil er der biographischen Erfahrung Form und Gestalt gab. Die persönliche Lebensgeschichte ist durch ihre künstlerische Ausdeutung mit einem Sinn versehen, wie ihn die Roheit der Fakten nie hätte liefern können. Von allen Romanen Dickens' ist er der «viktorianischste» (Angus Wilson)[132], da er die harte Erziehung zur Tugendhaftigkeit am alter ego des Autors abhandelt und damit indirekt zur eigenen Entstehungsbedingung macht. Das erklärt, warum neben den Reiz der Erinnerung eine unleugbare Selbstgerechtigkeit im Ergebnis tritt. Und während David – wie schon Oliver Twist – bei wachsender Individualisierung zum ehrbaren Bürger als Figur immer mehr verblaßt, bleiben dem Leser bei fortschreitender Lektüre jene unverwechselbaren Dickens-Gestalten im Gedächtnis, an denen *David Copperfield* besonders reich ist: Der heuchlerisch-grausame Stiefvater Murdstone, der dickliche, gespreizt parlierende Ersatzvater Mr. Micawber, der sympathisch undisziplinierte Dandy Steerforth, der sich aalig windende Intrigant Uriah Heep.

Nach dem Fehlschlag des «Daily News»-Unternehmens plante Dickens eine literarisch-politische Wochenschrift, *so amüsant wie möglich, doch deutlich und kühn darauf abzielend, was der Geist des Volkes und der Epoche sein sollte*[133]. Den Titel lieferte ein Shakespeare-Zitat aus «King Henry the Fifth»: «Familiar in their mouths as household words» («dann werden unsre Namen geläufig seinem Mund wie Alltagsworte»).[134] Die «Household Words», die Dickens in seiner Funktion als leitender Herausgeber zu drei Vierteln kontrollierte, sollte die *sozialen Wundertaten, gut und böse*[135] darstellen, Toleranz, Fortschritt und radikale Reformen predigen, zugleich aber *jenes Licht der Einbildungskraft hochhalten, das in jeder menschlichen Brust leuchtet*[136]. *Kein bloßer utilitaristischer Geist, keine eherne Bindung des Gedankens an düstere Realitäten*[137] dürfe den Ruf nach sozialem Wagnis ersticken: *Wir lassen den Ruf widerhallen und fahren frohgelaunt auf unserem Weg fort.*[138]

Bereits von der ersten Nummer wurden 100000 Exemplare verkauft. Neben dem begabten Schriftleiter William Henry Wills konnte Dickens so vielversprechende Beiträger wie George Meredith, Wilkie Collins, Sheridan Le Fanu und vor allem die sozialkritische Romanautorin Elizabeth Gaskell gewinnen. «Dickens' junge Männer» fanden in den «Household Words» und deren Nachfolgerin «All the Year Round» (ab 1859) eine willkommene Plattform für eigene Schreibversuche, die vielen von ihnen den Absprung in die schriftstellerische Selbständigkeit ermöglichte. Neben Unterhaltung, Humor und gefühlvollem Lesestoff brachte die Zeitschrift auch regelmäßige Romanfortsetzungen, Kurzbiographien historischer Persönlichkeiten und Informationen aus Naturwissenschaft, Technik und Kunst. Doch dienten die «tit-bits» («Leckerbissen»), wie der englische Zeitungszar Northcliffe das bunte Themenpotpourri bezeichnete, nicht zuletzt der gefälligen Darbietung

drängender sozialer Fragestellungen, die in jeder Nummer neu aufgeworfen wurden. Wohl in keiner anderen Zeitschrift jener Epoche wurde eine solche Vielfalt von Problemen und Lösungsvorschlägen behandelt: Gefängnis- und Verwaltungsreform, die Auswirkungen von Armut und Verbrechen, Erziehungsaufgaben, die unerträglichen Arbeitsbedingungen in den Fabriken, Slum-Sanierung und Wohnungswesen, die Notwendigkeit gewerkschaftlichen Zusammenschlusses, hygienische Mißstände und Müllverwertungspläne, Abbau von Rassen- und Klassenvorurteilen, und vieles mehr. Dickens achtete darauf, daß die Kritik nicht in der öden Sprache des Sozialreports vorgebracht wurde, andererseits aber auch die Intelligenz des Lesers respektiert blieb: *Glaubt nicht, daß es notwendig ist, auf irgendeinen Teil des Publikums herabzuschreiben.*[139] Nur wenn es den Artikeln an der *Anmut der Einbildungskraft* [140] und einem phantasievollen Optimismus mangelte, mahnte er seine Mitarbeiter: *Macht es heller, heiterer, belebter!*[141] – ein Ratschlag, der in denkwürdigem Kontrast zur wachsenden Düsternis in seinen Romanen steht.

UNRUHE UND VERDÜSTERUNG

«Bleak House» – «Harte Zeiten» – «Little Dorrit»

Hochviktorianismus. Der Historiker Asa Briggs vergleicht die Jahre zwischen der Londoner Weltausstellung (1851) und der zweiten Reformgesetzgebung (1867) mit einem «riesigen Bergplateau, an dessen beiden Seiten sich tiefe Schluchten und gefährliche Abgründe öffnen» [142]. Die magischen Beschwörungsformeln jener Zeit sind «Arbeit», «Fortschritt», «Wohlstand», «Sicherheit» und, als wichtigste Voraussetzung, «freier Handel». Das optimistische Vertrauen in die politische, soziale und ökonomische Ordnung des Landes schien grenzenlos, gerade weil es durch den moralischen Anspruch, den der viktorianische Bürger an sich selbst stellte, so vollkommen gedeckt war. Nachfolgende Generationen stießen sich an der Heuchelei und dem unerträglichen Drang nach Selbstbestätigung, die diese Epoche auszeichneten, und übersahen dabei die gewaltige Anstrengung, mit der das Bürgertum alle «guten Kräfte» vereinigte, als es sich auf dem Höhepunkt wirtschaftlicher und politischer Macht wähnte. Die öffentlich artikulierten Zweifel an der Stabilität der Verhältnisse waren überdies nie verstummt und oft kaum gemildert durch den patriotischen Stolz auf das einmal Erreichte. Es mag Zufall sein und ist dennoch ein Symptom, daß Dickens 1851 mit seiner Familie in ein hochherrschaftliches (obgleich reparaturbedürftiges) Haus am Tavistock Square zog und kurz danach mit *Bleak House* eine grimmige Abrechnung mit den Wertvorstellungen einer auf materiellen Zuwachs orientierten Gesellschaft folgen ließ.

Heftige Unruhe und vage Vorstellungen, wegzugehen, ich weiß nicht wohin, ich weiß nicht warum . . .[143] Der fast gleichzeitige Tod seines Vaters und seiner kleinen Tochter Dora Annie, Kates hochgradig nervöser Zustand und die harten Probenarbeiten an Bulwer-Lyttons Komödie «Nicht so schlecht, wie wir scheinen» («Aber viel schlechter, als wir sein sollten», spottete Douglas Jerrold [144]) stürzten Dickens – wie immer in Zeiten höchster Anspannung – in eine halb beklagte, halb willkommen geheißene Rastlosigkeit. Nach der triumphalen Aufnahme der Inszenierung in Anwesenheit der Königin und des Prinzgemahls mußte dem Schaffensdrang ein neues Ziel gegeben werden. Das Ergebnis war der Roman *Bleak House*, geschrieben zwischen akuten Erschöpfungszuständen und doch ein Werk, das Dickens auf der Höhe seiner künstlerischen Kräfte zeigt.

Bereits die Romaneröffnung mit ihrem panoramaartigen Stimmungsbild des in Nebel gehüllten London ist eine erzählerische tour de force, die den Leser wirkungsvoll an den zentralen Ort des Geschehens heranführt:

London. Der Michaelitermin ist vorüber, und der Lordkanzler sitzt in Lincolns' Inn Hall. Abscheuliches Novemberwetter. So viel Schmutz in den Straßen, als ob sich die Wasser der Sintflut eben erst von der Erde verlaufen hätten . . .

Nebel überall. Nebel stromaufwärts, wo der Strom zwischen Buschwerk und Auen fließt; Nebel stromabwärts, wo er sich schmutzig zwischen Reihen von Schiffen und dem Uferunrat einer großen – und schmutzigen – Stadt hindurchwälzt. Nebel auf den Sümpfen von Essex und Nebel auf den Höhen von Kent. Nebel kriecht in die Kajüten der Kohlenkähne; Nebel liegt draußen auf der Takelung und klimmt durch das Tauwerk großer Schiffe; Nebel senkt sich auf die Bollwerke von Barken und kleinen Booten. Nebel dringt in die Augen und Kehlen alter Greenwich-Invaliden, die am Kamin in ihrem Kämmerchen keuchen; Nebel legt sich in Rohr und Kopf der Nachmittagspfeife des grimmigen Kapitäns unten in seiner engen Kajüte; und Nebel schleicht sich unbarmherzig an Finger und Zehen des fröstelnden, kleinen Schiffsjungen auf dem Verdeck. Vorübergehende schauen von der Brücke über das Geländer hinunter in einen Nebelhimmel und sind rings von Nebel umgeben, als ob sie in einem Luftballon in den grauen Wolken hingen.

Da und dort in den Straßen blinzeln trübäugige Gaslaternen durch den Nebel, so wie jetzt der Ackersmann und der Pflügerjunge von den durchweichten Feldern aus die Sonne sehen. Die meisten Läden haben zwei Stunden vor der Zeit Licht angezündet – was das Gas zu wissen scheint, denn es sieht schmal und mürrisch aus.

Der rauhe Nachmittag ist am rauhesten, der dicke Nebel am dicksten und die schmutzigen Straßen am schmutzigsten in der Nähe jenes bleiköpfigen Steins des Anstoßes, der eine passende Zier für die Schwelle einer bleiköpfigen, alten Körperschaft ist: Temple Bar. Und dicht bei Temple Bar, in Lincoln's Inn Hall, mitten im Herzen des Nebels, sitzt der Lordkanzler in seinem hohen Kanzleigerichtshof.

Nie kann der Nebel zu dick, nie können Schmutz und Kot zu tief sein, um dem umnachteten und verschlammten Zustand zu entsprechen, in dem sich dieser hohe Kanzleigerichtshof, dieser schlimmste aller grauen Sünder, an einem solchen Tag dem Himmel und der Erde darstellt. [145]

Der Nebel nicht als Symbol, sondern als Symptom: Er durchzieht den gesamten Roman selbst noch dort, wo längst nicht mehr von ihm die Rede ist, sondern von der Borniertheit der Justizinstitutionen, von der geistigen Öde des modernen England und einem trüben politischen Klima, in dem nur noch die Mächte der Habsucht, der Korruption und der verstaubten Privilegien zu herrschen scheinen. Als Vorlage für die undurchschaubaren Machinationen

des Londoner Kanzleigerichts im Erbstreit Jarndyce gegen Jarndyce dienten Dickens einige historische Gerichtsverfahren, die sich über Jahre hinwegschleppten, Unmengen an Geld kosteten und zuweilen vierzig bis fünfzig Juristen beschäftigten. Willkür, Rechtsverdrehung und parasitäre Selbsterhaltung auf Kosten anderer gewinnen in *Bleak House* freilich eine Dimension, die über eine Justizschelte weit hinausreicht. Denn begleitet ist der Fall – *eine langsame, kostspielige, echt britische, konstitutionelle Sache*[146] – von den Schwierigkeiten politischer Parteien, eine handlungsfähige Regierung zu bilden, wobei es nur wenig ausmacht, ob Boodle, Coodle oder Doodle ins höchste Amt gelangen. Das Kanzleigericht ist, wie sich immer mehr herausstellt, also nur ein Paradigma für die Stagnation des politischen und sozialen Systems, das die von Dickens erhofften Reformen weder leisten konnte noch wollte. An der Spitze der Pyramide stehen der Kanzleirichter (eine Titelfassade, wie seine satirisch angelegte Imitation durch den verrückten Krook beweist) und der feudale Landbesitzer Sir Leicester, *ein Gentleman von strengster Gewissenhaftigkeit . . . ein ehrenwerter, eigensinniger, gerader, stolzer Mann voll krasser Vorurteile und vollkommen unvernünftig*[147]. Als Sir Leicester trotz großer finanzieller Aufwendungen nicht verhindern kann, daß mit dem Eisenfabrikanten Rouncewell das Industriebürgertum ins Parlament einzieht, sieht er schon *die Dämme der Gesellschaft gebrochen, und die Wogen haben – äh – die Grundstützen des Gerüsts, das die Welt zusammenhält, vernichtet*[148]. Doch Dickens, seit früh an ohne Hoffnung auf parlamentarische Veränderungen, glaubt nur die Stützen der Gesellschaft ausgewechselt; der Status quo bleibt aufrechterhalten.

Bleak House liefert ein großangelegtes soziales Panorama, das mittels eines komplizierten Geflechts von ineinander laufenden Handlungssträngen

Der Kristallpalast im Londoner Hyde Park während der Weltausstellung 1851

erstellt wird. Gesellschaftliche Abhängigkeiten werden jedoch nicht nur durch die verwickelte Erbschaftsgeschichte, sondern mehr noch durch dichterische Bildhaftigkeit verdeutlicht. Die faktische Ansteckung Esthers durch Jos Blattern ist ein nach außen gekehrtes Symbol für die wachsende Infektion, die sich von einem Krankheitsherd auf den gesamten Organismus überträgt. Von Tom-all-Alone's (ursprünglich der geplante Titel des Romans), einer übelriechenden, verseuchten Slumstraße, verbreitet sich der Schmutz epidemisch bis in die höchsten gesellschaftlichen Bereiche, *während im Parlament gestritten wird, ob die Hochkirche oder die Niederkirche oder überhaupt keine Kirche es (Tom-all-Alone's) auf den rechten Weg bringen könne . . . Aber es hat seine Rache. Selbst die Winde sind seine Boten, und sie dienen ihm in diesen Stunden der Finsternis. Es gibt keinen Tropfen von Toms verderbtem Blut, der nicht irgendwohin Ansteckung und Krankheit verbreitete. Noch heute nacht wird es das erlauchte Blut – in dem ein Chemiker bei der Analyse den wirklich echten Adel entdeckte – eines normannischen Adelsgeschlechtes vergiften, und Sr. Erlaucht soll es nie gestattet sein, zu dieser schändlichen Verbindung nein zu sagen. Kein Stäubchen von Toms Schmutz, kein Kubikzoll jener verpesteten Luft, die es atmet, keine Unflätigkeit und Gemeinheit, die es umgeben, keine Unwissenheit, Bosheit oder Roheit seines Tuns gehen verloren, ohne an jeder Klasse der Gesellschaft bis zu den Stolzesten der Stolzen und den Höchsten der Hohen hinauf Wiedervergeltung zu üben. Wahrhaftig, wenn man Ansteckung, Raub und Verderben zusammenrechnet, so hat Tom seine Rache.*[149] Es ist nur schwer abzuschätzen, ob hier der Autor warnen will oder einem zornig-destruktiven Wunschdenken verfällt.

England im Nebel: Das Leid der unteren Klassen bleibt für viele unsichtbar

*Tavistock House, das Heim der Familie Dickens
in den Jahren 1851 bis 1860*

und doch infiziert es nach Dickens' Sicht auch jene, die um sich einen Schutzwall aus Gleichgültigkeit, Arroganz und Selbstgefälligkeit errichtet haben. Es ist eine deprimierende Gegenwelt zum offiziellen England der Weltausstellung. Nie zuvor hatte Dickens so viele Leser erreicht wie mit seinem bislang düstersten Roman, der bei der Kritik auf eine unschwer erklärbare Reserviertheit stieß.

Dieser Breitenerfolg der Buchausgabe fiel mit einem drastischen Rückgang der Auflagenhöhe der «Household Words» zusammen. War die Zeitschrift unter anderem dazu gedacht, ein finanziell konsolidierendes Element in die schwankenden Gewinne aus den Romaneinnahmen einzuführen, so mußte Dickens nun sehr kurzfristig mit einem Roman seine Zeitschrift konsolidieren – was überdies zum erstenmal seit dem *Raritätenladen* wieder eine wöchentliche Fortsetzungsfolge voraussetzte. Die Idee zu *Harte Zeiten (Hard Times)* hatte ihn *an der Gurgel auf eine höchst gewalttätige Weise gepackt*[150] und er wollte *den schwersten Schlag ausführen, dessen ich überhaupt mächtig bin*[151]. Hatte er bis dahin die Probleme der Industriegesellschaft an Figuren und Situationen abgehandelt, die gleichermaßen geographisch und thematisch an der Peripherie oder völlig außerhalb der englischen Industriezentren angesiedelt waren, so liegt der erfundene Schauplatz von *Harte Zeiten*, Coketown, mitten im Zentrum der Fabriklandschaften irgendwo zwischen Birmingham und Yorkshire. Im Januar 1854 entschloß er sich zu einer Reise ins nordenglische Preston, um dort einen zäh und verzweifelt ausgefochtenen Streik in den Baumwollspinnereien als Augenzeuge zu erleben. Die Eindrücke, die er an Ort und Stelle sammelte, waren insgesamt wohl weniger nachhaltig (das heißt: die Erzählphantasie weniger anregend) als ein Streitgespräch im Eisenbahnabteil mit einem «Mr. Snapper» (engl. «snappish» für «bissig, reizbar»). Die Streikenden, so der Nachbar, hätten es darauf angelegt, geschunden und zerrieben zu werden. Wie unvernünftig, meinte Dickens, denn an Schinderei hätten sie ja ohnehin schon genug. Mr. Snapper: Ob sein Gegenüber etwa den Streik befürworte? Man könne nicht Unternehmern und Arbeitern gleichermaßen Freund sein. Die Beziehung zwischen Kapital und Arbeit sei einzig und allein durch die Nationalökonomie bestimmt. Dickens: Ob nicht vielleicht auch durch Verständnis und Rücksichtnahme? Mr. Snapper lachte: Ob Dickens etwa gar glaube, die Arbeiter hätten ein Recht, sich zusammenzuschließen? Sicher, antwortete Dickens.[152]

Die Beziehung zwischen Kapital und Arbeit ist durch die Nationalökonomie bestimmt, also durch die kalte Berechnung des Mehrwerts und nicht mehr durch persönliche Beziehungen wie noch im vorindustriellen Herrund-Knecht-Verhältnis. Die von Dickens für seinen Roman erwogenen Titel deuten bereits präzise die Richtung an, in die er seine Angriffe lancieren wollte: *Beweise es. Mr. Gradgrinds Tatsachen. Die Schleifmühle. Harte Zeiten. Zwei und zwei sind vier. Etwas Greifbares. Unser realistischer Freund. Rost und Staub. Einfache Rechnung. Eine Sache der Kalkulation. Eine bloße Frage der Zahlen. Die Gradgrind-Philosophie.*[153]

Mr. Gradgrind, Parlamentsvertreter für Coketown, Leiter der örtlichen Schule und Vater von fünf Kindern, ist die Verkörperung einer wirtschaftlichen Denkschule, deren mechanistische Sicht menschlicher Möglichkeiten das Leben nur noch mittels statistischer Quantitätsberechnungen erfassen kann. Nicht meßbare Bedürfnisse, unkalkulierbare Gefühle, kostenlose Freundlichkeiten und eine verwertungsfeindliche Phantasie haben keinen Platz in seiner brutalen «Philosophie», die gänzlich von ökonomischen Sachzwängen beherrscht wird: *Es war ein Grundprinzip der Gradgrindschen Lehre, daß alles bezahlt werden könne. Niemand war verpflichtet, einem anderen unter irgendwelchen Umständen etwas zu geben oder unentgeltlich Hilfe zu leisten. Die Dankbarkeit war abzuschaffen, und die daraus entspringenden Tugenden mußten aufhören. Jeder Zoll des menschlichen Daseins, von der Wiege bis zum Grabe, war ein Geschäft, das man über den Zahltisch*

Tom-all-Alone's. Illustration von Phiz

hinweg abschloß – und wenn man auf diesem Wege nicht in den Himmel kam, so war es nur, weil dies kein Ort für Nationalökonomie ist und wir dort nichts zu suchen haben.[154] Bereits in den Schulszenen zu Beginn des Romans wird deutlich, daß Dickens weniger eine realistische Beschreibung des industriellen Elends in der Nachfolge der «Industrieromane» beabsichtigte, sondern auf eine moralisierende Allegorie abzielte, die zwei gegensätzliche Denk- und Lebensweisen miteinander konfrontiert: Auf der einen Seite der herzlose Materialismus des Gradgrind-Bounderby-Systems (*Man braucht nichts für das Leben als Tatsachen*[155]), auf der anderen Seite die warmherzige, unorganisierte, «zweck-lose» Zirkuswelt der Sissy Jupe. Im Rahmen dieser vereinfachenden Alternative zwischen industrieller Lebensfeindlichkeit und dem eher idyllischen Ideal selbstloser Beziehungen von Mensch zu Mensch mußte der agitatorische Gewerkschaftsführer Slackbridge zwangsläufig zum Zerrbild werden, das alle gängigen Vorurteile des bürgerlichen Publikums gegen eine Organisierung der Arbeiterschaft demagogisch bestätigt. Die auf dem e t h i s c h e n Widerspruch von Selbstinteresse und privater Nächstenliebe basierende Struktur des Romans läuft damit der p o l i t i s c h e n Einsicht des Journalisten Dickens zuwider, daß ein Zusammenschluß der Arbeiter in «Unions» rechtens und notwendig ist. Die Bürde allen Unheils fällt dem unabhängigen Textilarbeiter Stephen Blackpool zu, der gegen Arbeitgeber und Gewerkschaft aufbegehrt, von seinen Kollegen geächtet wird und auf der Suche nach einer neuen Stelle in einer stillgelegten Kohlengrube umkommt. Das Martyrium Stephens – wie fast alle Namen in *Harte Zeiten* ist auch dieser von symbolischer Bedeutung – erscheint freilich zu sehr mit privaten Eheproblemen verwoben, als daß sein Leidensweg anderes repräsentieren könnte als das unerträglich harte Schicksal eines einzelnen. Ihm gilt das menschliche Mitgefühl des Lesers, doch ist er weder als «Typus» des Arbeiters noch als positive Normfigur in den sonst so schematischen Erzählzusammenhang integriert. Wäre *Harte Zeiten* nicht als antithetisches Ideendrama angelegt, hätte ein solcher Einwand kaum Gewicht. Doch verleiten sprachliche Stilisierung, eine für Dickens ungewohnte Handlungsökonomie und die satirisch-allegorischen Vorstellungsinhalte zu Deutungen, wie sie einem Traktat angemessener sind als einem Roman. Die Schwierigkeit hierbei besteht darin, daß Dickens, der Künstler und Reformer, selbst unentschieden zwischen beiden Formen schwankt.

Obgleich mit den Fortsetzungsfolgen die Auflage der «Household Words» sprunghaft anstieg und sich schließlich vervierfachte, stieß *Harte Zeiten* auf wenig Gegenliebe bei Lesern und Kritikern, die die Erzähllaune, den humorvollen Dialog und die epische Charakterentwicklung aller vorausgegangenen Dickens-Romane vermißten. Seitdem nimmt das Werk eine Sonderstellung im Dickens-Kanon ein. Ruskin und Shaw entdeckten in ihm ein Gutteil ihrer eigenen sozialen Ideen wieder und rühmten es als vernichtende Kampfansage an den Industriekapitalismus. Seine Aussage bestünde darin, daß «unser gesamtes soziales System . . . zerstört und abgeschafft, niedergerissen, ausgerottet und für immer unmöglich gemacht werden müsse» (Shaw).[156] Eine solche radikalsozialistische Interpretation sagt wohl mehr aus über ihren Verfasser als über den humanitären Reformer Dickens, der den Widerstreit der sozialen Interessen lieber durch deren kompromißbestimmten Ausgleich beseitigt gesehen hätte. Im Kern bleibt die Forderung nach größerer Einsicht und Humanität: *Ich sage oft zu Mr. Gradgrind, daß in vielem, was er tut, Vernunft und guter Wille ist – aber daß er es übertreibt* [157]; und: *Die Nationalökonomie ist ein bloßes Skelett, wenn sie nicht innen und außen mit ein wenig Menschlichkeit versehen wird, einem kleinen menschlichen Glanz nach außen und ein klein wenig menschlicher Wärme nach innen.* [158] Sah Carlyle (dem *Harte Zeiten* gewidmet ist) einen Ausweg aus der Malaise im Industriedespotismus aristokratischer Führernaturen, so ist Dickens' Antwort auf die Probleme seiner Zeit meist nur mit vagen Begriffen wie Menschlichkeit, Sympathie, Verständnis und private Selbsthilfe zu umschreiben. Seine Helden sind nicht die großen Veränderer, die Männer der Tat und der Tatsachen, sondern das Zirkusmädchen Sissy Jupe und der sanftmütig leidende Stephen – Helden, «die die Erde erben, aber nicht Coketown, nicht die Industriegesellschaft» (Raymond Williams). [159]

Trotzdem galt *Harte Zeiten* vielen Zeitgenossen als zu radikal, was wohl mehr dem sarkastisch-zornigen Tonfall des Buches zuzuschreiben ist. Die Hoffnung auf Reformen, die Dickens schließlich bewog, der Administrative Reform Association beizutreten, war durch den Ausbruch des Krim-Krieges im März 1854 nur noch ein schwaches Licht in der düsteren Landschaft. Dickens ahnte, daß *der alte Kanonenrauch und die Blutschwaden die ungerechte Behandlung und die Leiden des Volkes daheim verhüllen würden* [160]. Angesichts der patriotischen Begeisterung, der die Londoner Choleraepidemie nur wenig anhaben konnte, kam es ihm vor, *als ob die Welt um 500 Jahre zurückgeworfen worden sei* [161]. Auswanderungspläne, Ruhelosigkeit und Depressionen ließen sich nur noch durch die zur Gewohnheit gewordenen Gewaltmärsche zurückdrängen: *Könnte ich nicht schnell und weit laufen, würde ich einfach explodieren und zugrunde gehen.* [162] Im Oktober 1854 holte er mit einem Artikel in den «Household Words» (*An die Arbeiter*) zu seinem schwersten Schlag aus, nachdem kurz zuvor seine Tochter Mary nur knapp dem Seuchentod entgangen war. Nun liege es am Volk, sich nicht mehr durch *hohe politische Autoritäten* und den Zynismus der Parlamentsvertreter gegenüber den katastrophalen Wohn- und Hygienebedingungen eingarnen zu lassen. Arbeiter und Bürger seien aufgerufen, sich zu verbünden, um jene Männer, die die Bedürfnisse der Armen mit Füßen traten, aus den Ämtern zu jagen. *Laßt die Arbeiterschaft in der Metropole und in jeder größeren Stadt nur ihre Intelligenz, ihre Energie, ihre große Zahl, ihre Macht des Zusammenschlusses, ihre Geduld und ihre Ausdauer ernsthaft in diese eine Richtung lenken – und um Weihnachten wird sie eine Regierung in Downing Street und ein Unterhaus in Rufweite davon vorfinden, die beide nicht die entfernteste Familienähnlichkeit mit jenen Gleichgültigen und Unfähigen haben, von denen man zuletzt in dieser dahinschlummernden Nachbarschaft Notiz genommen hat.* [163]

Man muß die Konsequenzen dieser «Aufwiegelung» zu Ende denken, um zu verstehen, wie schockiert das vornehmlich bürgerliche Lesepublikum der «Household Words» auf diesen Beitrag reagierte (die philanthropische Millionärin Miss Coutts etwa *befand sich in völliger Verwirrung* [164]). Von Weihnachten war die Rede und man schrieb schon Anfang Oktober; die numerische Stärke und die Macht des Zusammenschlusses der Arbeiter wurden beschworen, obgleich doch diese kein Wahlrecht besaßen und somit keinen parlamentarischen Wechsel herbeizwingen konnten. Kein Wunder, daß in den Artikel ein Aufruf zum gewaltsamen Umsturz hineingelesen wurde. Doch kann vermutet werden, daß Dickens mit diesem Manifest der Wut und Enttäuschung zugleich einer brennenden, schwer kanalisierbaren Ungeduld Ausdruck gab, über deren mögliche konkrete Folgen er sich nur wenig bewußt war. In Rechtfertigungsbriefen an Freunde betonte er, daß die sozialen Mißstände zu *Wahlkampfthemen* gemacht werden müßten und jene Politiker, die sich taub stellten, auf öffentlichen Druck hin abzuwählen seien.[165] Das Dilemma wird deutlich: Dickens hatte seine radikalen Forderungen mit einer nicht näher bestimmten moralischen Legitimation versehen, von der er hoffte, daß das wahlberechtigte Bürgertum – aufgeklärt und reformerisch wie er selbst – sie in politisches Handeln umsetzen würde. Die vermeintlich revolutionäre Logik seines Artikels verdankte sich seiner Entrüstung über ein untätiges Parlament und seinem Vertrauen in eine wie immer geartete Selbsthilfe der Betroffenen. Doch mußte gerade dies zu Mißverständnissen Anlaß geben, weil der emotionale Appell nicht mit einer erfolgversprechenden Perspektive verknüpft war. Dickens hatte eine soziale Verantwortung gespürt, die sich spätestens im Dezember als politisch unverantwortlich herausstellte. Es bleibt die resignierte Klage, das englische Volk wolle sich *NICHT retten lassen*[166].

Die Enttäuschung über die versteinerten Verhältnisse traf sich mit der quälenden Erkenntnis, daß auch dem privaten Glück etwas fehlte, das nunmehr in eine unerreichbare Vergangenheit gerückt war. Das Wiedersehen mit der gealterten Maria Beadnell hatte sich als Katastrophe und als untauglicher Versuch erwiesen, verpaßte Gelegenheiten nachzuholen, und sei es nur des Beweises wegen, daß die Ideale der Jugend weiterlebten. *Die alten Tage – die alten Tage! Werde ich wohl je den damaligen Gemütszustand wiedererlangen? Vielleicht ein wenig davon – aber nie so, wie es einmal war. Ich finde, die Leiche in meinem häuslichen Keller wird inzwischen reichlich groß.*[167] Es sind die ersten versteckten Andeutungen einer gescheiterten Ehe.

Nach einem Besuch im glanzvollen Paris des zweiten Kaiserreichs stellte Dickens die drei ersten Folgen seines neuen Romans fertig, dessen kompositorische Sorgfalt an den Aufbauskizzen und Korrekturen im Originalmanuskript (heute im Londoner Victoria and Albert Museum) nachzuprüfen ist. *Little Dorrit* ist das Ergebnis einer planerischen Intelligenz, das die Vorstellung revidiert, auch der spätere Dickens habe widerstandslos einem ungehemmten Schreibdrang nachgegeben, ohne auf die Konstruktion der Fabel und die stilistische Durchformung zu achten. Ursprünglich war als Titel *Nobody's Fault* (Niemandes Fehler) vorgesehen, eine bitter ironische Kommentierung persönlicher Passivität, die in ihrer vermeintlichen Schuldlosigkeit doch verantwortlich ist für alles Übel, das sie nicht verhindern kann. Im Mittelpunkt des Romans steht, wie schon in *Bleak House*, wiederum eine Institution, die in ihrer Ineffizienz und Aufgeblasenheit als stellvertretend für die Kräfte eines starren Status quo beschrieben ist. Das Circumlocution Office, eine Art «Königliches Umschreibbureau», ist nur vordergründig eine reine Verwaltungsmaschinerie, politisch allmächtig und doch in höchstem Maße überflüssig. Auf der realistischen Darstellungsebene ergäbe das nicht viel mehr als die Verdammung bürokratischer Umstandskrämerei, die angeblich Ursache jeglicher Misere ist – ein wahrhaft kurzsichtiges Verständnis politischer, sozialer und wirtschaftlicher Zusammenhänge. Doch innerhalb

der satirischen Bezugsetzung ist das Amt gleichbedeutend mit der allgemeinen, auf die gesellschaftlichen Gesamtzustände ausweitbaren Formel *WIE
MAN ES NICHT MACHEN SOLL: Es ist klar, daß «Wie man es nicht
machen soll» das große Studienobjekt und die große Aufgabe aller öffentlichen Beamten und professionellen Politiker rings um das Circumlocution
Office war. Es ist klar, daß jeder neue Premier und jede neue Regierung, die
ans Ruder kamen, weil sie irgend etwas als durchaus notwendig geltend
gemacht hatten, sobald sie am Ruder waren, all ihr Sinnen und Trachten
darauf richteten, zu ergründen, «Wie man es nicht machen soll» . . . Es ist
klar, daß die Debatten der beiden Parlamentshäuser die ganze Sitzungsperiode hindurch gleichmäßig und weitläufig den einen Punkt verhandelten,
«Wie man es nicht machen soll.» Es ist klar, daß die Thronrede am Schluß
einer solchen Sitzungsperiode im wesentlichen nichts anderes sagt als: Meine Lords und Gentlemen, Sie haben während mehrerer angestrengter Monate mit großer Hingebung und großem Patriotismus erwogen, «Wie man es
nicht machen soll», was Sie schließlich auch herausgefunden haben; und mit
dem Segen der Vorsehung, der über der Ernte (der agrarischen, nicht der
politischen) ruht, entlasse ich Sie . . . Es herrschte in dem Circumlocution
Office der Geist nationaler Kraft, der nach und nach dazu führte, daß es
überall seine Hände im Spiel hatte . . . Bisweilen erschienen Angriffe von
aufgereizten Menschen gegen das Circumlocution Office. Bisweilen wurden
im Parlament Anfragen um seinetwillen gemacht und sogar Anträge im
Parlament gestellt oder damit gedroht, – freilich durch Demagogen, die so
unwissend und niedriggesinnt waren, daß sie glauben konnten, das wirkliche
Leitmotiv der Regierung sei, «Wie man es machen soll».*[168]
So anachronistisch im Thema und schwerfällig im Ton die Satire auch sein
mag, so sehr trifft sie doch das zeitgenössische Unbehagen reformerischer
Kräfte am politischen Stagnationszustand, der ja auch alle moralischen und
geistigen Anstrengungen lähmte und das Feld den sozialen Parasiten über-
ließ. Kein anderer Dickens-Roman präsentiert eine solche Fülle an wenig
strahlenden Charakteren, keiner zeigt die Verflechtung seiner Figuren untereinander und innerhalb eines erstickenden Systems derart zwangsläufig auf:
Pancks, der unbarmherzige Mietzinseintreiber von Bleeding Heart Yard, ist
nur das willige Werkzeug von Casby, des «Letzten der Patriarchen»; Casby
wiederum ist von Kreaturen wie Pancks abhängig, um den Anschein des
Respekts zu wahren; der Finanzkapitalist Mr. Merdle fängt sich im eigenen
Netz seiner Spekulationen und unsauberen Verbindungen; die neurotische
alte Mrs. Clennam ist durch körperliche und moralische Paralyse eine Gefangene im eigenen Haus; William Dorrit, «der Vater des Marshalsea-Schul-
dengefängnisses», bleibt ein Gefangener seiner eigenen Illusionen auch dann
noch, als er nach sinnlos langer Haft entlassen ist; und Arthur Clennam, nie
befreit vom alttestamentarischen Unterdrückungsdrang seiner vermeintlichen Mutter, ist als positiver «Held» des Romans seltsam willenlos und
apathisch gezeichnet. *Little Dorrit* atmet die unfreie Luft des Gefängnisses,
und es macht für die Charaktere kaum einen Unterschied, ob sie diesseits oder
jenseits der Mauern leben. Denn in der symbolischen Umsetzung des Haupt-
motivs sind die Barnacles und Merdles, die Meagles, Dorrits und Clennams
alle Gefangene: ihres eigenen schuldbewußten Ich, ihrer sozialen Prätentio-
nen, ihrer Gleichgültigkeit, ihrer abschirmenden Privilegien und mühsam

Little Dorrit verläßt das Marshalsea. Illustration von Phiz

aufrechterhaltenen Konventionen. Einzig die kleine Dorrit, in Gestalt und
Auftreten so unscheinbar, daß ihre natürliche Güte und selbstlose Opferbe-
reitschaft von ihrer Umgebung meist gar nicht erst wahrgenommen werden,
verkörpert die sehr bescheidene Kraft des Guten. Als sie schließlich mit
Arthur vermählt wird, findet der Roman ein äußerst verhaltenes Ende,
dessen private Stille durch keine lauten Töne viktorianischer Optimismus-
fanfaren gestört wird:

Einen Augenblick blieben sie auf den Stufen des Portals stehen, schauten in die frische Perspektive der Straße, die im Morgenstrahl der Herbstsonne glänzte, und stiegen dann hinab . . .

Sie stiegen still hinab in die lärmenden Straßen, unzertrennlich und glücklich, und wie sie im Sonnenschein und im Schatten dahingingen, eilten und stürmten die Lärmenden und die Geschäftigen, die Anmaßenden und die Eigensinnigen und die Eitlen ungestüm an ihnen vorüber und machten ihr übliches Getöse.[169]

George Bernard Shaw sagte, *Little Dorrit* hätte ihn zum Sozialismus bekehrt: «Es ist ein aufrührerisches Buch als ‹Das Kapital›. In ganz Europa sind Männer und Frauen wegen Pamphleten und Reden eingesperrt, die sich gegenüber ‹Little Dorrit› wie Paprika zu Dynamit verhalten.»[170] Darüber mag man streiten. Unangefochten ist nach langer Verkennung der Rang dieses Romans als eines von Dickens' großen Meisterwerken, dessen symbolische Kraft und erzählerischer Reichtum weit über einen beschränkten Realismusbegriff hinausreichen. Zugleich ist es eine topographische Vision Londons, dem Dickens mit diesem Buch ein literarisches Monument errichtet hat wie kaum ein Dichter vor ihm.

TRENNUNG UND NEUE WEGE

«Eine Geschichte zweier Städte» – «Grosse Erwartungen»

Keine noch so großen Publikumserfolge vermochten es zu verhindern, daß Dickens in immer kürzer werdenden Abständen von Depressionen befallen wurde, die früher durch die energische Flucht in neue Roman- oder Bühnenprojekte überwindbar schienen. Doch auch dieser Ausweg bot keine Lösung mehr: *Ich möchte am liebsten vor mir fliehen*, bekannte er Wilkie Collins. *Und wenn ich doch einmal in Gang komme und mit flauem Gefühl in mein Gesicht starre, wie ich es gerade jetzt tue, dann ist meine Ausdruckslosigkeit unvorstellbar – unbeschreiblich – mein Elend geradezu erstaunlich.*[171] Es ist bezeichnend, daß der junge Collins zum Adressaten dieser privaten Klage wurde und nicht Forster, der nach seiner späten Heirat immer pompöser und streitsüchtiger, wenn auch nicht weniger loyal geworden war. Dickens' abgekühltes Verhältnis zu alten Freunden und seine Hinwendung zum unverheirateten, dynamischen, warmherzigen Collins sind nur eines von vielen Anzeichen, daß der Autor vor einer für ihn entscheidenden Zäsur stand. Die Beziehung zu seinen Schwiegereltern hatte sich inzwischen so verschlechtert, daß er nicht einmal mehr ihre Besuche und den schottischen Akzent von George Hogarth ertragen konnte. Im August 1855 vollzog er den ersten Schritt, sich von bisherigen Lebensgewohnheiten (und von London) abzusetzen, indem er das Haus Gad's Hill Place in der Nähe von Rochester erwarb – ein idyllisches, nicht allzu geräumiges Anwesen aus der Epoche Königin Annes, das er schon als Junge auf seinen jugendlichen Spaziergängen bewundert hatte.

Als Dickens vom Tod seines Freundes Douglas Jerrold erfuhr (die Todesfälle von Verwandten und einstigen Weggenossen sollten in den folgenden

Wilkie Collins. Ölgemälde von John Everett Millais, um 1851

Gad's Hill Place

Jahren noch beängstigende Ausmaße annehmen), vereinbarte er mit Wilkie Collins Benefizvorstellungen von dessen «arktischem Melodram» «The Frozen Deep» («Gefrorener Abgrund») zugunsten der Hinterbliebenen. Neben Hans Christian Andersen und knapp hundert ausgewählten Gästen war auch Königin Victoria anwesend und harrte gegen ihre Gewohnheit bis nach Mitternacht aus, als, wie üblich, ein Farceneinakter an das Hauptprogramm angehängt wurde. Ihr Ansinnen, in der Pause Dickens zu empfangen, lehnte dieser höflich, aber nicht ohne Eigenstolz ab, da er nicht im Schauspielerkostüm vor sie treten wollte. Die öffentlichen Vorstellungen, die dieser Privataufführung folgten, lösten zusammen mit einer Lesung der *Weihnachtserzählung* in London einen Sturm der Begeisterung aus, der sogar in Dickens' Augen die Grenzen von Hysterie streifte.[172]

Waren bislang die weiblichen Rollen von seinen Töchtern Mamey und Katey übernommen worden, mußten für eine Tour nach Manchester neue Schauspielerinnen gesucht werden. Auf Empfehlung verpflichtete Dickens die seinerzeit populäre Aktrice Mrs. Ternan sowie deren Töchter Mary und Ellen. Maria, schüchtern und schutzbedürftig, bereicherte das Melodram mit Gefühlen, die in ihrer Intensität außerhalb des ohnehin tränenreichen Parts lagen: *Sie mußte meinen Kopf aufstützen und in ihren Schoß legen, während ich ihr Gesicht in meine Hände nahm. All das demonstrierte ich ihr ausführlich am Morgen der Proben. Als wir abends an diese Stelle kamen, flossen*

Das Ensemble von «The Frozen Deep».
Vorne, Mitte: Dickens. Rechts von ihm, den Kopf aufgestützt: Wilkie Collins

ihre Tränen über mein Gesicht, über meinen Bart (ich bitte um Entschuldigung, daß ich dieses verhaßte Anhängsel erwähne) und über mein zerlumptes Kleid – flossen auf mich nieder wie Regen, so daß sie mich gar am Sprechen hinderten. Ich flüsterte ihr zu: «Mein liebes Kind, in zwei Minuten ist es vorüber. Bitte, fasse dich.» – «Es ist kein Trost für mich, daß es bald vorbei ist», antwortete sie. «Oh, es ist so traurig, es ist so schrecklich traurig. Oh, sterbe nicht! Gib mir Zeit, gib mir ein wenig Zeit. Verlaß mich nicht auf diese furchtbare Weise – bitte, bitte, bitte!!»[173] Es ist schwer zu sagen, was Dickens mehr genoß: die wirkungsvolle Inszenierung von herzzerreißenden Gefühlen oder das unbestimmte Glück, daß nicht nur der Dramenheld, sondern gar er selbst von einem jungen Mädchen beweint wurde. Ellen Ternan, Marys Schwester, spielte unterdessen nur die unbedeutende Farcenrolle eines Mündels, in das sich sein sehr viel älterer Vormund (dargestellt von Dickens) verliebt. Eine Rolle – zunächst.

Das Geständnis kam für den ohnehin ahnungsvollen Forster sicherlich nicht unerwartet: *Die arme Catherine und ich sind nicht füreinander geschaffen, und es gibt keine Hilfe dafür. Nicht nur, daß sie mich gereizt und unglücklich macht, sondern auch umgekehrt – und das noch viel mehr . . . Ihr Temperament verträgt sich nicht mit meinem.*[174] Als Forster Dickens darauf hinwies, daß die Spannungen auch in seiner Überempfindlichkeit und Ungeduld begründet sein könnten, daß es schließlich in jeder Ehe zu Disharmonien komme und man abwarten müsse, war es für diese gutgemeinte, aber konventionelle Erklärung bereits viel zu spät: *Ich sage nicht, daß ich frei bin von Tadel. Vermutlich liegt auf meiner Seite eine ganze Menge Schuld, sei es in tausenderlei Verstimmungen, Launen oder gereizten Reaktionen; doch nur eines kann es ändern, und das ist das Ende, das alles ändert.*[175] *. . . Zu spät zu sagen, reiß dich zusammen und übereile nichts; der falsche Mann auch, dem man es sagt. Nur als Handelnder kann ich noch Trost finden. Ich bin unfähig zur Ruhe. Ich bin ganz sicher, daß ich rosten, auseinanderbrechen und sterben würde, wenn ich mich schonte. Viel besser, tätig zu sterben.*[176]

Eine offiziell vollzogene Trennung war unmöglich, da auf keiner Seite eine schuldhafte Zerrüttung der Ehe nachzuweisen war. Außerdem zwangen die Rücksicht auf die Kinder und die Furcht vor einem öffentlichen Skandal wenigstens zur Wahrung des Scheins. Und so fand zunächst nur ein interner Umzug im Tavistock House statt; die verschlossene Tür zwischen den Schlafzimmern beendete dabei diskret eine einundzwanzigjährige Ehe. Als Kates Eltern mit ihrem Besuch in diese prekäre Situation eindrangen, machte sich ihr Schwiegersohn um zwei Uhr morgens auf einen Fußmarsch ins 30 Meilen entfernte Gad's Hill, wo er das Ende der Störung im Londoner Heim abwartete.

Wie immer in Augenblicken höchster Anspannung suchte Dickens verzweifelt nach einem neuen Betätigungsfeld, auf dem er seine innere Hektik sinnvoll nach außen wenden sollte. Er kam auf die Idee, den glänzenden Erfolg bei Lesungen aus seinen Werken nicht nur für Wohltätigkeitszwecke, sondern für die eigene Kasse auszuwerten. Forster riet davon ab, weil er eine öffentliche Zurschaustellung aus Gewinnmotiven für eines echten Dichters und Gentleman unwürdig hielt. Doch Dickens, der in der Belohnung harter Arbeit noch nie etwas Unanständiges erblickt hatte, ließ sich von solchen

Kate Dickens

puristischen Einwänden nicht beeinflussen. Die Kartennachfrage im Frühjahr 1858 erwies sich schließlich als so groß, daß statt der vorgesehenen sechs insgesamt sechzehn Lesungen allein in London angesetzt werden mußten. In die alternierenden Programme wurden neben der *Weihnachtserzählung* (mitten im April!) *Die Glocken*, später auch der Tod des kleinen Paul Dombey und Szenen mit Mrs. Gamp (aus *Martin Chuzzlewit*) aufgenommen. *Ich muß mein Herz hart machen wie Lady Macbeth*[177], bekannte Dickens angesichts dieser nicht nur stimmlich, sondern auch emotional stark beanspruchenden Auswahl.

Zu Hause war inzwischen vom Goldschmied ein Armband eingetroffen, das als Erinnerungsgeschenk für Ellen Ternan, das Mündel auf der Bühne, gedacht war. Kate, wie schon im Fall Mme De La Rue von heftiger Eifersucht gepackt, brauchte nur an das Ende der Farce zu denken, wo die schönen Schmuckstücke des ältlichen Vormunds ihre Wirkung tun, um sich einen ähnlichen Ausgang auch im wirklichen Leben vorzustellen. Um seine und Ellens Unschuld zu beweisen, zwang Dickens Kate zu einer Konfrontation mit der Schauspielerin. Doch traten nun seine ihm ohnehin nicht wohlgesonnenen Schwiegereltern auf den Plan, konstruierten aus unbewiesenen Verdachtsmomenten einen Ehebruch und bestanden auf einer regulären Trennung. Dickens blieb nur die Möglichkeit eines Kompromisses, der ihn vor der Verurteilung durch eine in Ehefragen unbarmherzig strenge Gesellschaft retten sollte. Er stand ja nicht nur mitten im «öffentlichen Leben», sondern hatte mit seinem dichterischen Lobpreis auf häuslichen Frieden und Familienglück selbst dazu beigetragen, Maßstäbe für viktorianisches Tugenddenken zu setzen. Ein mühsam erzieltes Abkommen sah vor, daß Kate bei einer jährlichen Abfindung von 600 Pfund und zusammen mit dem ältesten Sohn

Das Arbeitszimmer in Gad's Hill

Charley ein eigenes Haus bezog, während die jüngeren Kinder bei Dickens blieben, genauer: in der Obhut von Georgina, Kates Schwester, die als einzige der Hogarths zu ihrem Schwager hielt und auch weiterhin alle Ehepläne der Regelung des verwandtschaftlichen Haushalts opferte.

Noch einmal drohte die Abmachung an der spitzen Zunge von Mrs. Hogarth zu scheitern. Als sie jedermann, der es hören wollte, verriet, daß Ellen Ternan Dickens' «Mätresse» sei, tobte dieser «wie ein Irrer» (Tochter Katey)[178] und verweigerte jede Zahlung an Kate, solange die Verleumdung nicht durch einen förmlichen Widerruf aus der Welt sei. Es begann ein häßliches Tauziehen zwischen den nunmehr tödlich verfeindeten Parteien, bis sich nach zwei Wochen die Hogarths dem Ultimatum beugten und in einer steifen Erklärung den «moralischen Charakter von Mr. Dickens» und «den Ruf und guten Namen anderer» bestätigten.[179] Beim Kampf um seine und Ellens Ehre, den er nicht ohne mitleidvolles Selbstwertgefühl und die entrüstete Hartnäckigkeit des unbescholtenen Bürgers führte, wurde auch Thackeray ein Opfer der privaten Krise. Im Garrick Club erzählte man ihm, die Trennung sei durch eine Liebschaft zwischen Dickens und Georgina verursacht. «Nichts dergleichen», antwortete er zur vermeintlichen Rettung seines Kollegen, «es handelt sich um eine Schauspielerin.»[180] Als wenig später ein unfairer Artikel in «Town Talk» (Stadtgespräch) Thackeray persönlich angriff, witterte dieser einen Racheakt des emotional aufgewühlten Dickens, der mit dem Verfasser des Beitrags, Edmund Yates, gut bekannt war. Die seit langem schwelende Eifersucht der beiden Schriftsteller, bisher hinter taktvollen Komplimenten zum Erfolg des jeweils anderen versteckt, steigerte sich zu gegenseitiger Nichtbeachtung – bis eine Woche vor Thackerays Tod (1863) eine herzliche Versöhnung stattfand, die bewies, daß sie einander nie vergessen hatten und insgeheim an der Entfremdung litten.

Charles Dickens, von den ihn erreichenden «Hintergrundsgerüchten» über seine gescheiterte Ehe zutiefst getroffen, verfiel in jenem unglücklichen Sommer 1858 auf eine Idee, die selbst bei seinen Freunden mißbilligendes Stirnrunzeln hervorrief. Sein peinlicher Hang zu Gegendarstellungen und öffentlichen Verlautbarungen in Privatangelegenheiten ließ ihn vergessen, daß eine Rechtfertigung die wirkungsvollste Selbstanklage sein kann. Nachdem er Kates Einwilligung erlangt hatte, druckte er auf der Titelseite der «Household Words» unter der Überschrift «PERSÖNLICH» eine Erklärung ab. Darin war die Rede von *lange währendem häuslichen Ärger, der kürzlich einer Schlichtung zugeführt wurde*, von *Mißdeutungen, bestürzend falsch, höchst absurd und grausam, die nicht nur mich, sondern auch unschuldige Personen trafen*[181] – und am Schluß die Warnung, wer nach diesem Dementi weiterhin Gerüchte verbreite, mache sich der Lüge vor Himmel und Erde schuldig. Die Zeitungen druckten auch ohne Dickens' Drängen dieses Statement bereitwillig nach, einzig «Punch» weigerte sich in seiner Eigenschaft als komische Zeitschrift, dieses traurige Dokument in seine Spalten aufzunehmen. Natürlich war nunmehr das Interesse am «häuslichen Ärger» der Dickens auch bei der breiten Leserschaft geweckt, die von den erwähnten Gerüchten gar nichts wahrgenommen hatte. Zu allem Überfluß gab Dickens seinem Manager eine noch ausführlichere Darstellung der Ehekrise zur Unterrichtung für jene, die sich mit dem vagen Wortlaut der ersten nicht zufriedengaben. Der Inhalt erreichte, sehr zum Ärger des Verfassers, die

Ellen Ternan

New Yorker «Tribune» und schließlich auch die englische Presse. *Schon seit einigen Jahren, lauten die diskriminierendsten Sätze, pflegte Mrs. Dickens mir vorzuhalten, daß es für sie besser wäre, wegzuziehen und getrennt zu leben; daß ihre wachsende Entfremdung eine geistige Verwirrung verursache, an der sie zuweilen krankt – ja, mehr noch, daß sie sich nicht für das Leben befähigt fühlte, das sie als Frau an meiner Seite führen mußte und daß sie lieber von mir weg sei . . . Was den finanziellen Teil der Einigung angeht, so glaube ich, daß sie so großzügig ist, als handle es sich bei Mrs. Dickens um eine untadelige Lady und bei mir um einen vermögenden Mann.*[182]

Nun wußte jedermann, daß die Ehe zerbrochen war, mehr noch: daß es sicherlich nicht ein gütiger Weihnachtsgeist war, der Dickens' Flucht in die Öffentlichkeit gelenkt hatte. «Dieser Publikumsliebling», schrieb der in Li-

verpool erscheinende «Mercury», «informiert Hunderttausende von Lesern, daß seine Frau, der in Liebe zugetan zu sein er gelobt hatte, völlig in ihren Pflichten als Mutter versagt hat; und deutet außerdem an, daß ihr Geist verwirrt sei . . . Wenn das männliche Rücksichtnahme ist, würden wir gerne einmal eine Definition von unmännlicher Selbstsucht und Herzlosigkeit bekommen.»[183] So sehr sich Dickens – vor allem gegenüber den Hogarths – im Recht fühlen mochte, so sehr wurde er nun von der öffentlichen Meinung ins Unrecht gesetzt. Seiner Popularität als Romanschriftsteller tat die Affäre freilich keinen Abbruch, wie die überwältigend hohe Auflage seines neuen Werks *Eine Geschichte zweier Städte* bald beweisen sollte.

Da mindestens zwei Personen, zuweilen zwei Familien im Streit um die Trennung verwickelt waren, haben Dickens-Biographen häufig die Frage nach Schuld und Unschuld gestellt. Kates Unbeholfenheit in praktischen Dingen, ihr müdes Sichgehenlassen und ihr mangelndes Talent, an der Seite des gesellschaftlich umworbenen Mannes eine adäquate Rolle zu spielen, werden von den einen als Indizien für ihren Hauptanteil an der Misere gewertet. Daß für diese Frau (fast die Hälfte ihrer Ehe schwanger) der an sie gestellte öffentliche Anspruch unerfüllbar war, weil ihr in der privaten Sphäre neben den persönlichen Eigenheiten ihres Mannes auch noch dessen Berühmtheit aufgebürdet war, wird allzu oft übersehen. Dickens wiederum, von Beginn an eine kaum vorstellbare Schreibkarriere verfolgend, empfand es sicherlich als Affront, daß im eigenen Haus seiner Größe nur mit Apathie und seiner Hilfsbereitschaft – etwa gegenüber Mme De La Rue – mit kleinlichen Eifersüchteleien begegnet wurde. Den unwillkommenen Kindersegen betrachtete er als Beitrag Kates, sein ohnehin ausgelastetes Leben noch mehr zu beschweren (*Mutter und Kind wohlauf*, schrieb er sarkastisch, *obgleich ich mir gar nicht so klar bin, ob ich letzteres wirklich wollte*[184]). Bezeichnend ist jedoch der Moment, als die Krise zum Ausbruch kam. Wie schon bei seinen Streitigkeiten mit den Verlegern und seiner Copyright-Kontroverse in Amerika sah sich Dickens durch falsche Motivunterstellungen (Ellen Ternan) persönlich schäbig behandelt und reagierte mit einer verbissenen Konsequenz, die ihn in der Wahl der Mittel nicht gerade feinfühlig erscheinen läßt. Ein auf frühe Erfahrungen zurückzuverfolgender Zwang, sich in Unrechtssituationen durch Flucht nach vorne zu wehren, führte statt zur ersehnten Gerechtigkeit zum Anschein männlicher Selbstgerechtigkeit, da er Ellen nicht half und Kate nur schadete. Dickens' Gespür für die Konsequenzen seines Handelns war im mitmenschlichen Umgang nicht so glücklich wie bei der Verfolgung seiner ehrgeizigen Schreibpläne.

Wie wenig er begriff, daß die Trennung von Kate ihm bei der Propagierung intakter Familienverhältnisse eine gewisse Vorsicht auferlegte, zeigte sich, als er seine neue Zeitschrift «Household Harmony» (Häusliche Harmonie) nennen wollte. Die Titeländerung war notwendig geworden, nachdem er sich in der Auseinandersetzung mit den Hogarths von seinen bisherigen Verlegern Bradbury & Evans publizistisch im Stich gelassen fühlte und nach vierzehn Jahren zu seinem alten Verlagshaus Chapman & Hall zurückkehren wollte. Da er die von Bradbury & Evans gedruckten «Household Words» zu drei Vierteln selbst besaß, konnte er auf einem öffentlichen Verkauf seiner alten Zeitschrift beharren, die er nun vollständig erwarb und in die neue mit aufnahm. «All the Year Round», wie diese nach einem «Othello»-Zitat («The story of our lives, from year to year») benannt wurde, war von Anfang an ein immens erfolgreiches Unternehmen, das alle früheren Verkaufsrekorde der «Household Words» nicht nur mühelos einholte, sondern sie um ein Vielfaches übertraf. Die wichtigste Neuerung war der Abdruck eines jeweils vorangekündigten Fortsetzungsromans gleich auf den ersten Seiten – zuerst *Eine Geschichte zweier Städte*, unmittelbar folgend Wilkie Collins' «Die Frau in Weiß» («The Woman in White»). Als erfahrener Stratege sowohl im Hinblick auf den Publikumsgeschmack als auch auf die bei gleichem Geschmack unterschiedlichen Lesegewohnheiten ließ Dickens neben den wöchentlichen Ausgaben zugleich eine monatliche drucken, bei der der Erzählfluß stärker hervortrat als in den Kurzfolgen. «All the Year Round» erschien bis 1895, also 25 Jahre nach Dickens' Tod, getragen vom Ruhm ihres Schöpfers und der Kompetenz ihres Chefredakteurs Wills.

Eine Geschichte zweier Städte (*A Tale of Two Cities*) ist nach *Barnaby Rudge* der zweite (und letzte) historische Roman des Autors. Carlyle, dessen «Geschichte der Französischen Revolution» Dickens überaus schätzte, war mit der Beschaffung von Quellenmaterial zur Lage Englands und Frankreichs im späten 18. Jahrhundert auf unerwartete und hintergründige Weise hilfreich: Aus der London Library ließ er zwei Wagenladungen mit historischen Studien schicken, die Dickens wiederum in Erstaunen darüber versetzten, mit welcher Akribie Carlyle die Dokumente bereits verarbeitet hatte. Sein in vielen Partien ebenso detailfreudiger Roman, zur Entstehungszeit und noch Jahrzehnte später trotz vorwiegend abfälliger Kritiken eines der meistgelesenen Dickens-Werke, ist in mancherlei Hinsicht sein am wenigsten charakteristischer. Die an den anderen Romanen oft gerügten Übertreibungen – etwa der angestrengte Humor, die verwickelten Nebenhandlungen, eine funktionslose Symbolik und allzu ausladende Dialoge – erweisen sich nachgerade als Qualitäten angesichts ihres völligen Fehlens in *Eine Geschichte zweier Städte*, wo der Stil meist grau und schmucklos ist, ohne andererseits die rhetorische Prägnanz der Sprache in *Harte Zeiten* zu erreichen. Es erweist sich, daß Dickens' «typische Schwächen» als Romanautor nicht von seiner großen Erzählgabe loszulösen sind, die nur in sehr wenigen Werken (etwa *Little Dorrit* und *Große Erwartungen*) zugleich unerschöpflich und kontrolliert erscheint. Die Rekonstruktion geschichtlicher Geschehnisse (die Französische Revolution) bereitete ihm überdies Probleme der Themenverknüpfung, wie sie für den historischen Roman durchaus bezeichnend sind: Wie nämlich lassen sich kollektive Prozesse auf der Ebene individueller Schicksale überzeugend und politisch sinnfällig nachzeichnen? *Recalled to Life* (Zum Leben wiedererweckt) sollte ursprünglich der Titel lauten, und dahinter verbirgt sich eine Projektion privater Wünsche, wie sie in den beiden Figuren Dr. Manette und Sidney Carton offenkundig werden. Die Themen des unschuldigen Leidens und der idealen Liebe nach jahrelanger Gefangennahme streifen nur sehr oberflächlich die Revolutionsmotive, wie überhaupt der politische Gehalt des Buchs nur in sehr allgemeinen Aussagen sichtbar wird: *Zermalme die Menschheit noch einmal unter ähnlichen Hämmern, und sie wird dieselben gequälten Formen annehmen. Sät dieselbe Saat habgieriger Ausschweifung und Tyrannei noch einmal, und sicherlich wird sie dieselbe Frucht tragen, ihrer Art gemäß.*[185] Die Warnung aus *Barnaby Rudge* ist hiermit wieder aufgenommen, doch fällt sie diesmal in eine Zeit, da sie nur mehr als historische Reminiszenz an vergangene Bedrohung wirken kann.

Der Beginn von Dickens' letztem Lebensjahrzehnt wird von zwei auch nach außen hin manifesten Brüchen mit der Vergangenheit eingeleitet. Tavistock House barg zu viele Erinnerungen an die eben erst überwundene häusliche Misere, seine Tochter Katey hatte geheiratet und London mit seinem ja nicht nur symbolischen Nebel und Schmutz drohte die angegriffene Gesundheit des Fünfzigjährigen noch mehr zu strapazieren. Dem Rückzug ins ländliche Gad's Hill – unter Beibehaltung einer Londoner Wohnung in den Räumen von «All the Year Round» – folgte der radikale Akt des Verbrennens sämtlicher Briefe, die sich in den letzten zwanzig Jahren angesammelt hatten. *Schockiert von dem Mißbrauch, der mit der Privatkorrespondenz bekannter Persönlichkeiten getrieben wurde*[186], errichtete er aus den Briefen unzähliger zeitgenössischer Berühmtheiten einen Haufen, an dessen Feuer seine Jungen «Zwiebel in der Asche der Großen rösteten»[187]. Generationen von Literarhistorikern können an diesen Moment nur mit Schrecken denken.

Wieder einmal wurde Dickens abverlangt, seine Romanproduktion nach den Erfordernissen des Tages auszurichten. Charles Levers Geschichte «A Day's Ride» (Ein Tagesritt) enttäuschte das Publikum von «All the Year Round» so nachhaltig, daß parallel dazu eine attraktivere Folge gefunden werden mußte. Dickens, der den deprimierten Lever mit warmherzigem Takt darauf vorbereitete, hatte auch bereits eine Idee: *Das Buch wird völlig in der*

Dickens. Stich nach einem Gemälde von W. P. Frith, 1859

" The story of our lives from Year to Year."—SHAKSPEARE.

EVERY SATURDAY, FROM THE 30th APRIL, 1859,

PRICE TWOPENCE,

ALL THE YEAR ROUND,

A WEEKLY JOURNAL,

DESIGNED FOR

The Instruction and Entertainment of all Classes of Readers, and to assist in the Discussion of the Social Questions of the Day

Conducted by CHARLES DICKENS.

ADDRESS.

Nine years of HOUSEHOLD WORDS, are the best practical assurance that can be offered to the public, of the spirit and objects of ALL THE YEAR ROUND.

In transferring myself, and my strongest energies, from the publication that is about to be discontinued by me, to the publication that is about to be begun, I have the happiness of taking with me the staff of writers with whom I have laboured, and all the literary and business co-operation that can make my work a pleasure. In some important respects, I am now free greatly to advance on past arrangements. Those, I leave to testify for themselves in due course.

That fusion of the graces of the imagination with the realities of life, which is vital to the welfare of any community, and for which I have striven from week to week as honestly as I could during the last nine years, will continue to be striven for, "all the year round." The old weekly cares and duties become things of the Past, merely to be assumed, with an increased love for them and brighter hopes springing out of them, in the Present and the Future.

I look, and plan, for a very much wider circle of readers, and yet again for a steadily expanding circle of readers, in the projects I hope to carry through "all the year round." And I feel confident that this expectation will be realised, if it deserve realisation.

The task of my new journal is set, and it will steadily try to work the task out. Its pages shall show to what good purpose their motto is remembered in them, and with how much of fidelity and earnestness they tell

THE STORY OF OUR LIVES FROM YEAR TO YEAR.

CHARLES DICKENS.

Published also in Monthly Parts, and in Half-Yearly Volumes,
AT THE OFFICE, 11, WELLINGTON STREET NORTH, STRAND, W.C.:
ALSO BY CHAPMAN & HALL, 193, PICCADILLY, LONDON, W.

THE FIRST NUMBER OF **ALL THE YEAR ROUND**

WILL CONTAIN THE FIRST PART OF

A TALE OF TWO CITIES,

BY CHARLES DICKENS,

CONTINUED FROM WEEK TO WEEK.

On Saturday, 28th May, 1859, MR. CHARLES DICKENS will **CEASE TO CONDUCT HOUSEHOLD WORDS;** that Periodical will be **DISCONTINUED** by him; and its partnership of Proprietors dissolved.

Handzettel zur Gründung von «All the Year Round» mit Vorankündigung der «Geschichte zweier Städte» ersten Person geschrieben sein und während der ersten drei Wochennummern wird der Held ein kleiner Junge sein, wie David . . . Man wird sich nicht über Humorlosigkeit wie bei der Geschichte zweier Städte beklagen müssen. Ich habe den Anfang in seiner allgemeinen Wirkung außerordentlich komisch gestaltet.[188] *Große Erwartungen* (*Great Expectations*) ist aber nicht einfach *David Copperfield* in veränderter Fassung. Die Geschichte von Pip, dem ein unbekannter Wohltäter die Erziehung zum Gentleman finanziert, so daß er in London das Leben eines müßiggängerischen Snobs führen kann, ist nicht als stolze Rückschau auf den verdienten Aufstieg eines armen Waisenjungen aus dörflichen Verhältnissen angelegt. Vielmehr gestaltet Dickens einen sehr schwierigen, an Enttäuschungen reichen Lernprozeß, der seinem Helden die schmerzliche Einsicht in die Vergeblichkeit, ja ruinöse Gefährlichkeit großer Erwartungen abverlangt, denen falsche Wertvorstellungen, menschliche Leere und eine häßliche Klassenarroganz zugrunde liegen. Der Roman vollzieht eine kritische Umkehrung des viktorianischen Erfolgsethos, dem schon der kleine Gentleman im Schuhwichslager als einer Alternative zur drohenden Proletarisierung gehorchte und dem auch der Bürger Dickens in Stolz und gutem Glauben anhing. Pip zieht von den heimischen Marschen, wo er als Hufschmied arbeitet, zwar in die «große Welt» Londons, doch droht er an einer Realität zu scheitern, die für ihre Anerkennung den Preis menschlicher Entfremdung verlangt. In seiner blinden Leidenschaft zu Estella, die von Miss Havisham zur männerstrafenden Gefühllosigkeit erzogen worden ist, scheint eine Zerrissenheit durch, die das Thema der Desillusion, der unerfüllten Erwartungen nur noch unterstreicht. Obgleich mit dem nach England illegal zurückgekehrten «Gönner», dem reich gewordenen Sträfling Magwitch, Elemente des Sensations- und Rührromans eingeführt werden und Dickens diesmal auf ein breites Gesellschaftspanorama bewußt verzichtete, eröffnet *Große Erwartungen* doch auch eine wichtige soziale Dimension. Das hochviktorianische Gentlemanideal und der Mythos lebenslanger Gefühlsromantisierung waren ja bereits vulgarisierte Erbstücke aus einer früheren Epoche, die ohne die Grundlagen für eine solche Muße – ausreichende Zinsen, Erbschaften oder einfach nur Bluff – um 1860 kaum mehr denkbar wären. Die aristokratische Fassade des Bürgertums hat Dickens in seinen letzten Jahren immer mehr abgestoßen, weil er dahinter den krassen Materialismus und die innere Verlogenheit einer Klasse spürte, die sich ihr kostspieliges Paradies auf Kosten anderer errichtet. Keine optimistische Aufstiegsideologie beherrscht die letzten Romane, sondern eher Gedanken an privaten Rückzug, sinnvolle Arbeit und eine Bescheidung, die denkwürdig zum Finanz- und Kolonialexpansionismus jener Epoche kontrastiert. Ursprünglich sollte Pip auch Estella verlieren, um der Exzesse seiner snobistisch-romantischen Liebe gewahr zu werden. Das dennoch gewählte positive Ende ist sicherlich ein Anschlag auf die sonst so einleuchtende Konstruktion des Romans, doch inhaltlich bedeutet das Zusammenfinden Pips mit der geläuterten und verwitweten Estella keinen Bruch. Wie schon in *Little Dorrit* leuchtet ein *ruhiges Licht* [189] über die Hauptpersonen – ein sehr gedämpftes, unter schmerzvollen Selbsteinsichten erlangtes Happy-End, das mit biedermeierlichem Gartenlaubenglück nur mehr wenig zu tun hat.

Große Erwartungen kann als modernes Märchen, als Erziehungs-, ja selbst als Spannungsroman gelesen werden, doch in erster Linie ist es eine moralische Geschichte ohne moralisierenden Anspruch. Denn die Träume des Märchens – mühelos reich zu werden, glücklich zu sein, eine verwunschene Prinzessin zu finden – sind in Pips wirklichem Leben mit so vielen fragwürdigen Konsequenzen und Verantwortlichkeiten beladen, daß angesichts des Einbruchs von Realität alles Magische sofort ins Groteske, oft Grausame und Entzaubernde übergeht. Als Erziehungsroman steht das Werk außerhalb seiner Zeit, da zwischen dem Individuum und den Idealen seiner Gesellschaft keine biographisch herzustellende Harmonie mehr möglich ist, wie dies noch in *David Copperfield* geschieht. Und die Spannungsgeschichte mit ihrer außergewöhnlich verdichteten Atmosphäre sowie der sensationellen Aufdeckung von Geheimnissen und komplizierten Zusammenhängen erfährt in *Große Erwartungen* allein durch Magwitch, den Anwalt Jaggers und der pervers rachsüchtigen Miss Havisham eine psychologische Komplizierung, die das einfache Gut-und-Böse-Schema sprengen muß. In seinem «vollkommensten» Roman – vollkommen in der strukturellen Balance und sprachlichen Durchformung – ist es Dickens gelungen, die Erzählkonventionen seiner Zeit an einem Thema zu erproben, das zwar weniger auf öffentliche Mißstände verweist als die vorausgegangenen Werke, in seiner scheinbaren Beschränkung auf Privates aber den Druck gesellschaftlicher Wertvorstellungen mit vorher nicht gekannter Schmerzintensität beschreibt.

SELBSTZERSTÖRUNG – DER LEERE STUHL

«UNSER GEMEINSAMER FREUND» – «DAS GEHEIMNIS DES EDWIN DROOD»

Als *Große Erwartungen* in Buchform erschien, lieferte statt «Phiz» der junge Marcus Stone die Illustrationen. Hablôt Brown war nicht der einzige Gefährte, der aus Dickens' Umkreis verschwand. Viele alte Freunde waren tot oder lebten, wie Carlyle und Cruikshank, in exzentrischer Isolation. *Wir müssen die Reihen schließen und weitermarschieren*[190], pflegte Dickens zu sagen, wann immer ihn eine traurige Nachricht erreichte. Auch eine andere Bürde, die er allerdings schon von früh auf kannte, war in der Zwischenzeit nicht geringer geworden: seine Verwandten und nunmehr auch die eigenen Kinder. Sein Bruder Alfred starb 1860 mit 38 Jahren und hinterließ eine mittellose Familie; sein Lieblingsbruder Fred, der einst mit Mary und Kate Hogarth zur glücklichen Ménage zu viert gehört hatte, verließ seine Frau nach überstürzter Heirat und war zum Schmarotzer geworden, bevor er 1868 in Yorkshire starb; der jüngste Bruder Augustus lebte mit Mätresse und Pflegekindern in Chicago, während seine verlassene Frau in England der Hilfe bedurfte; und nach dem frühen Tod ihres Mannes geriet auch seine Schwester Letitia in seine finanzielle Verantwortlichkeit. Zudem entsprachen Dickens' Söhne – mit einer Ausnahme – keineswegs den Erwartungen, die ihr energischer, erfolggewohnter Vater in sie setzte. Sydney bekam nach einem extravaganten, dementsprechend schuldenreichen Marineleben Hausverbot; Frank, der im Büro von «All the Year Round» zu wenig nutzte, wollte sich in Indien seinem Bruder Walter anschließen, der jedoch kurz vor dem geplanten

Dickens mit seinen Töchtern Mamey und Katey im Garten von Gad's Hill

Wiedersehen zweiundzwanzigjährig und hochverschuldet starb; Alfred versagte beim Wettbewerb um die Aufnahme in die Königliche Militärakademie von Woolwich; Charley wurde in der Papierindustrie angestellt und mußte mehrere Bankrottprozesse durchstehen; Plorn, der Jüngste, verkroch sich am liebsten in eine einsame Ecke und zeigte weder Talente noch Fleiß; einzig Henry Fielding («Harry») bereitete sich zielstrebig auf eine glänzende Jurisprudenzkarriere vor. Sicherlich projizierte Dickens hoffnungsvoll seinen eigenen jugendlichen Ehrgeiz auf seine Söhne, die freilich nicht die unabhängigen Selfmademan-Neigungen ihres Vaters, sondern die wirtschaftliche Achtlosigkeit ihres Großvaters und die Gemütsgelassenheit ihrer Mutter teilten. Die Tochter Katey bewies noch am deutlichsten Initiative und Willenskraft, doch bezeichnenderweise brachte nicht sie, sondern ihre weichere Schwester Mamey dem alternden Schriftsteller jene bedingungslose Verehrung entgegen, die er bei seiner Familie so sehr vermißte, wenn nicht gerade Geldnöte mit im Spiele waren.

Über Ursprung und Leidenschaftlichkeit von Dickens' geheimster Beziehung lassen sich nur Vermutungen anstellen, die durch die verständliche Auskunftsscheu früherer Biographen kaum erhellt werden. Etwa nach 1863 bahnte sich ein intimes Verhältnis mit Ellen Ternan an, das die um ein Jahr ältere Tochter Katey als «tragischer und in der Wirkung weitreichender ... als das zwischen Nelson und Lady Hamilton» beschrieb.[191] Nach allem, was man weiß (es ist nicht sehr viel), war es eine unglückliche Liebe, weil ihr zu viele Gewissensschranken und Verbote auferlegt waren. Eine Scheidung Dickens' kam nicht in Betracht und alle Unschuldsbeteuerungen während der Trennungsaffäre schienen hinterher «entwertet». Ellen wurde, so gut dies möglich war, vor der Öffentlichkeit versteckt. Da jedoch Dickens' Leben, von seinen Lesungen abgesehen, in den letzten Jahren einen weit größeren Grad der Privatheit und Zurückgezogenheit erreichte, war seine verspätete Liebschaft einzig den ohnehin verschwiegenen Freunden bekannt. Daß sie zu keiner cause célèbre werden konnte, verdankte sie wohl auch ihrer geheimen Tragik, die sie für das Geschwätz unangreifbar machte. Nur einmal, im Juni 1865, drohte eine Katastrophe alles ans Licht zu bringen. Nach einem Kurzurlaub in Paris nahmen Dickens und Ellen den Bootszug von Folkestone nach London. In der Nähe von Staplehurst sprang die Lokomotive bei Gleisarbeiten über eine Brücke, einige Waggons zerbrachen auf den Feldern und Marschen, andere hingen gefährlich in der Luft. Dickens gab an Ellen und eine alte Dame im Abteil die Warnung aus, die empfindliche Balance des Eisenbahnwagens nicht zu stören; *einige Leute in den beiden anderen Abteilen versuchten wie wild, sich aus dem Fenster zu stürzen, und sie hatten keine Ahnung, daß unter ihnen ein offener Sumpf lag*[192]. Nach der Rettung half er die Verwundeten versorgen und kletterte noch einmal in den Waggon, um das zurückgelassene Manuskript der nächsterscheinenden Nummer von *Unser gemeinsamer Freund* zu bergen. Zurück in London, reklamierte er beim Bahnhofsvorsteher den verlorenen Schmuck *einer Lady, die sich im selben Wagen befand*[193] (das goldene Siegel trug den Namen «Ellen») und begann dann sich sehr allmählich vom Schock zu erholen. Eisenbahnreisen und selbst Fahrten in der Kutsche waren für ihn seitdem Belästigungen besonderer Art, die er nicht ohne die Schrecken der Erinnerung und einen kräftigen Schluck Brandy überstand.

Die Fotos jener Jahre zeigen einen frühzeitig gealterten Dickens. Abgesehen davon, daß er unter Neuralgie, Gicht und Herzbeschwerden litt, hatte er sich in seiner Rastlosigkeit verbraucht und war dabei an die Grenzen physischer und seelischer Belastbarkeit gestoßen. *Ich habe seit einiger Zeit einen entschiedenen Umschwung in meiner Lebhaftigkeit und Hoffnungsfreudigkeit bemerkt – anders gesagt, in meiner üblichen Spannkraft.*[194] Kein Roman (mit Ausnahme von *Barnaby Rudge*) hatte solche Mühen allein des Anfangs gemacht wie *Unser gemeinsamer Freund* (*Our Mutual Friend*), sein letztes vollendetes Werk. Es ist unzweifelhaft das Opus eines nervlich beanspruchten Mannes. Ob diese Nervosität, wie sie nicht zuletzt den Stil des Buchs zu bestimmen scheint, als Indiz für die Verbrauchtheit oder die äußerste Anspannung seiner künstlerischen Kräfte zu bewerten ist, darüber besteht in der Kritik Uneinigkeit.

Der Roman hat alle Züge eines Spätwerks. Dickens' Zeitgenossen bemängelten die Angestrengtheit der Erfindung und die zahlreichen sprachlichen

Manierismen, die den Eindruck vermittelten, als habe der Autor gegen die Erwartungen seines Publikums angeschrieben (tatsächlich kündigten 5000 Subskribenten nach der ersten Folge). Der junge Henry James entrüstete sich gar: «Was für eine Welt wäre diese Welt, wenn die Welt von *Unser gemeinsamer Freund* eine getreue Spiegelung davon darstellte!»[195] Seltsamerweise wurde dem Roman erst viel später, nämlich im Licht der literarischen Moderne, ein Rang zugewiesen, der ihn weit über die gängigen Erzähltraditionen des 19. Jahrhunderts hinaushob. *Unser gemeinsamer Freund* mutet heute deshalb so modern an, weil zwischen dem optimistischen Anspruch, die erfahrene Wirklichkeit zu schildern, «so wie sie ist», und der Verwirklichung dieses Anspruchs bereits ein deutlicher Bruch verläuft, der entlang einer eigenwilligen künstlerischen Formgebung zu verfolgen ist. Zwar lebt der Roman auch von einer Vielzahl äußerlicher Spannungsmomente wie vermeintlichen und tatsächlichen Morden, einem Mordanschlag und einem Doppelmord, und er endet wie ein traditionelles Märchen mit moralischer Bekehrung, Erbschaft und Heirat. Doch ist dieser herkömmliche Erzählrahmen mit Szenen, Figuren und Motiven angefüllt, deren Erzählfunktion von

117

subtilen psychologischen Nuancen und einem kalten, desillusionierten Blick auf gesellschaftliche Neuentwicklungen überlagert wird.

Der englische Titel des Romans vermag bereits einen bedeutsamen Hinweis auf die Welt zu liefern, die Dickens vorstellt. Würde es sich um einen gemeinsamen Freund von zwei oder mehr Personen handeln, müßte es korrekterweise «Our Common Friend» heißen. Das Adjektiv «mutual» verweist im strengen Sinngebrauch auf Gegenseitigkeit. So spricht man in einer englischen Redewendung ironisch von einer «mutual admiration society», einer «Gesellschaft zur gegenseitigen Bewunderung». Genau dies ist das Verhältnis der Romanpersonen untereinander. Die Wechselseitigkeit ist völlig negativer Art und erschöpft sich allein darin, daß jeder erst in den Augen des anderen eine sonst sinnentleerte Identität gewinnt. Die unerquicklichen Großbürgerfiguren des Romans, die Veneerings, Lammles, Fledgebys und Podsnaps, bedeuten einander gerade soviel, wie es ihr gesellschaftliches Bluffbewußtsein zuläßt. Der Glaube an die Einmaligkeit der Person ist damit aufgegeben, da das Denken in Kategorien des materiellen Werts alle zu austauschbaren Objekten macht. Allein der Name der Veneerings (engl. «veneer» = äußerer Anstrich, Tünche) gibt zu verstehen, daß sie nur mehr eine entmenschlichte, abstrakte Rolle im Spiel sozialer Geltungen innehaben. In der berühmten Beschreibung des Diners bei den Veneerings werden das Objekthafte, die materialisierte Verdopplung der Figuren im Spiegel und die gegenseitige Geringschätzung unversöhnlich wiedergegeben:

Durch die Suppe neu belebt, unterhält sich Twemlow sanft mit Boots und Brewer über den Königlichen Hof. Beim Fischgang des Banketts wird er von Veneering auf die umstrittene Frage angesprochen, ob sein Vetter, Lord Snigsworth, gegenwärtig in London sei oder nicht. Er teilt mit, daß sein Vetter nicht in der Stadt sei. «In Snigsworthy Park?» fragt Veneering. «In Snigsworthy», antwortet Twemlow. Boots und Brewer betrachten ihn als einen Mann, dessen Bekanntschaft man pflegen müsse, und Veneering erkennt ihn als Gegenstand, der sich bezahlt macht . . .

Der große Spiegel über dem Serviertisch reflektiert die Tafel und die Gesellschaft. Er reflektiert das neue Wappen der Veneerings in Gold und Silber, matt und geschmolzen: ein dienstbares Kamel . . . Er reflektiert Veneering, vierzig, mit welligem Haar, brünett, zur Fülle neigend, schlau, geheimnisvoll, in Nebel gehüllt – eine Art leidlich gut aussehenden, verschleierten Propheten, der nicht prophezeit. Er reflektiert Mrs. Veneering, blond, mit krummer Nase und krummen Fingern und allzu mattem Haar, in prächtigen Gewändern und Juwelen, enthusiastisch, gnadenvoll, vom Bewußtsein erfüllt, daß ein Zipfel vom Schleier ihres Gatten auch sie bedecke. Er reflektiert Podsnap, genießerisch essend, mit zwei kleinen hellfarbigen steifen Flügeln beiderseits seines sonst kahlen Hauptes, die ebensogut seine Haarbüsten sein könnten wie sein Haar, das Gesicht in rote Perlen auf der Stirn zerfließend, eine Menge zerknitterten Hemdkragens im Nacken. Er reflektiert Mrs. Podsnap, eine wundervolle Frau für Professor Owen, eine Menge Knochen, Nacken und Nüstern wie ein Schaukelpferd, harte Gesichtszüge, hoheitsvollen Kopfschmuck, in den Podsnap goldene Gaben gehängt hat . . . Er reflektiert eine junge Dame gereiften Alters, mit Rabenlokken und einer Hautfarbe, die, wenn reichlich geschminkt (wie es der Fall ist), vortrefflich wirkt, eifrig damit beschäftigt, einen jungen Herrn gereiften

Alters zu bezaubern, der zu viel Nase im Gesicht, zu viel Rot im Backenbart, zu viel Fülle in der Weste, zu viel Gefunkel in den Knöpfen, in den Augen, in der Unterhaltung und in den Zähnen hat. Er reflektiert die reizende alte Lady Tippins zur Rechten Veneerings mit einem maßlos dummen, verstaubten, überlangen Gesicht, wie es ein Suppenlöffel spiegelt, und einer gefärbten Allee auf der Kopfmitte gleich einer bequemen Auffahrt zum falschen Haarknoten auf der Rückseite, freundlich Mrs. Veneering ihr gegenüber begönnernd, die sich willig von ihr begönnern läßt ... Und schließlich reflektiert der Spiegel Boots und Brewer und noch zwei dicke Prellböcke, die man zwischen den Rest der Gesellschaft und etwaige Unfälle eingeschoben hat.[196]

Das Großbürgertum ist in diesem Roman nur mehr auf Hochstapelei, Pump und einem verwelkten Charme aufgebaut. Das von Dickens stets hochgehaltene Arbeitsethos braucht sich nicht mehr zu bewähren, weil die Früchte früherer Generationen inzwischen in Aktien und Dividenden angelegt sind, die eine Person gänzlich definieren: *Woher kommt er? Aktien. Wohin geht er? Aktien. Welche Geschmacksrichtung hat er? Aktien. Hat er Grundsätze? Aktien. Was hat ihn ins Parlament gebracht? Aktien. Vielleicht*

Bei den Veneerings. Illustration von Marcus Stone

hat er selbst nie in etwas Erfolg gehabt, nie etwas ersonnen, nie etwas geschaffen? Ausreichende Antwort auf alles: Aktien. O ihr mächtigen Aktien![197]

Richtet sich Dickens' Haß auch gegen die nouveaux-riches einer neuen Finanzaristokratie, so ist im hervorstechendsten Symbol des Buches doch auch deutlich gemacht, welche Funktion dem Geld insgesamt zuzumessen ist. Das Erbe eines exzentrischen Abfallhändlers besteht aus Riesenbergen von Müll und Kot, deren Sammlung und Verwertung damals noch in privaten Händen lagen. Die Fabel des Romans schildert unter anderem den gnadenlosen Kampf einiger Personen, in den Besitz des Geldes (entstanden aus Dung und Dreck) zu gelangen. Das Bild des Reichtums als buchstäblicher Verschmutzung steht in Gegensatz zu allem, was an menschlicher Sinnerfüllung Bestand hat, weil es nicht unrein ist und verdirbt. Bella Wilfer, die vorgesehene Erbin, eine zunächst kalte und berechnende Bürgerin, reißt sich selbst aus den Schlingen von Gier, Habsucht und drohender Entfremdung, indem sie geradezu verzweifelt das Geld zurückweist: *«Oh! Ich bitte und flehe, daß mich jemand wieder arm macht, sonst bricht mir das Herz, wenn das so weitergeht! Lieber Papa, mach mich wieder arm und nimm mich wieder heim! . . . Geben Sie mir kein Geld, Mr. Boffin, ich will kein Geld haben.»*[198] Deutlichstes Beispiel für die private und soziale Korruption des Geldes sind die Lammles, die sich bei der Heirat mit der Vorschwindelung eines großen Vermögens gegenseitig betrogen und nun ihre Rache durch Ausbeutung an ihren Mitmenschen vollziehen.

Unser gemeinsamer Freund kündigt eine Zäsur in der Beschreibung seiner Hauptpersonen an, wie sie für den Autor ungewöhnlich ist. Die Hinterbliebenen einer funktionslos gewordenen Aristokratie, der Dickens nie nachgetrauert hatte, werden mit einer Sympathie gezeichnet, die sie geradezu als Garanten einer verlorengegangenen Individualität ausweist. Eugene Wrayburn und sein Freund Mortimer Lightwood könnten als (einsichtige) frivole Müßiggänger einem Theaterstück von Oscar Wilde entspringen, und Twemlow, der arme Verwandte mächtiger Magnaten, ist sich am Schluß zu schade, nur die aristokratische Fassade für ein prestigebesessenes Bürgertum zu spielen. Dickens scheint darauf zu vertrauen, daß die «heimatlose Klasse» am ehesten dazu fähig ist, eingerastete soziale Schranken wieder zu lockern. Als Wrayburn am Ende Lizzie Hexam, die schreibunkundige Tochter eines Themse-Leichenfledderers, heiratet, hat «die Stimme der Gesellschaft» (so die Überschrift des letzten Kapitels) ihr Machtwort schon gesprochen:

Brewer sagt: «Du lieber Gott!» Boots sagt: «Du lieber Gott!» Buffer sagt: «Du lieber Gott!»

«Dann habe ich nichts weiter zu sagen», entgegnet Podsnap und fegt die Sache mit dem rechten Arm hinter sich, «als daß sich mein Inneres gegen eine solche Heirat empört – daß sie mich verletzt und anwidert – daß sie mir Übelkeit verursacht – und daß ich nichts weiter davon zu hören wünsche.»

(Jetzt möchte ich wissen, denkt Mortimer belustigt, ob du die Stimme der Gesellschaft bist!)[199]

Die falsche Gegenseitigkeit geht ohne Geld im Hintergrund in die Brüche, wie Dickens in einem ironischen Schlußdialog andeutet:

«Für Geld mag ein Mann alles tun, was gesetzlich ist. Aber für kein Geld! – Unsinn!»

Was sagt Boots?
Boots sagt, er hätte es nicht unter zwanzigtausend Pfund getan.
Was sagt Brewer?
Brewer sagt, was Boots sagt.[200]

Die zitierten Stellen machen deutlich, wie Dickens zu einem ganz gegenwärtigen, verknappten, pointierten Stil gefunden hat. Gesuchte Vergleiche und Stilfiguren werden nicht mehr witzig ausgeführt (wie etwa in *Martin Chuzzlewit*), sondern sofort als verdinglichte Begriffe aufgenommen: Der Diener bei den Veneerings sieht nicht mehr nur aus wie ein «chemischer Analytiker», sondern er wird einfach dazu, so wie Mrs. Podsnap zum Schaukelpferd und Gaffer Hexam zum Raubvogel werden. Mechanische Wiederholungen von Satzanfängen, lapidare Einwortsätze, impressionistische Momentaufnahmen bewirken einen Grad der Stilisierung, der auf zukünftige Formtechniken des Romans verweist. So fragwürdig es schon immer gewesen sein mag, den Begriff des Realismus auf Dickens' Werk ungeprüft

Presse-Empfang in New York, 1868

Dickens rezitiert

anzuwenden, so bedeutet erst recht *Unser gemeinsamer Freund* einen Abschied von den typischen Stilmerkmalen realistischer Erzählliteratur.[201] Zugleich aber gelingt Dickens mit der Person des Lehrers Headstone die Schilderung komplizierter seelischer Vorgänge, die sonst bei ihm ausgeklammert sind. Der linkische Rivale Wrayburns um Lizzie Hexams Gunst zerbricht an seiner bürgerlichen Biederkeit, als ihn fremde Leidenschaftsgefühle überwältigen, und er wird zum hoffnungsberaubten Mörder, der sich schließlich selbst mit in den Tod reißt. Seine Tragik ist bei Dickens ohne Vergleich, weil keine bürgerlichen Normen mehr den zerstörerischen Trieben Einhalt gebieten können.

123

Um 1867/68

Trotz schwerer Krankheit willigte Dickens in eine weitere Rundreise mit insgesamt 30 Lesungen ein. Dieser letzte Abschnitt seines Lebens war von einer eigenwilligen, selbstzerstörerischen Passion für sein Publikum bestimmt, dem er in einer Art Vermächtnis noch einmal die dramatischsten und anrührendsten Passagen aus seinem Werk vortrug. Gegen den besorgten Rat von Freunden begab er sich auf eine zweite Amerika-Reise, die ohne die Mißklänge der ersten verlief, obgleich die alte ungelöste Copyright-Frage nach wie vor Anlaß zu Kontroversen mit der Presse gab. Auch bemerkte er zornig, nachdem die Kellner die Hotelzimmertür offenließen, damit die Menge ihn vom Flur aus betrachten könne: *Diese Leute haben sich in den letzten 25 Jahren nicht im geringsten geändert – sie tun jetzt immer noch genau das, was sie damals taten.*[202] In New York hatten sich nach einer kalten Januarnacht etwa 5000 Menschen zum Kartenvorverkauf angesammelt und zu Dickens' Entsetzen entwickelte sich ein florierender Schwarzmarkt. Der Lyriker John Greenleaf Whittier signalisierte bereits aus Boston, daß es sich um eine Ein-Mann-Vorstellung handle, wie man sie nicht ein zweites Mal erleben würde: «Alle seine großartigen Charaktere werden zu wirklichen Personen, als ob ihnen ihr ursprünglicher Schöpfer neues Leben einhauchte . . . Aber es ist müßig, darüber zu reden: man muß sich eine Eintrittskarte erbetteln, ausleihen oder sie stehlen und ihn dann anhören. Man kann in einem Menschenleben nicht nochmals ein solches Startalent [star-shower] erwarten.»[203] Mittlerweile hatte sich Dickens' Gesundheitszustand so beängstigend verschlechtert, daß ihm die Ärzte zum Abbruch der Lesungen rieten. Das Blut stürzte in seine Hände, daß sie fast schwarz wurden, und während der Auftritte wechselte seine Gesichtsfarbe von leichenähnlicher Blässe zu überhitztem Purpur. Die medizinische Diagnose befürchtete herannahende Paralyse auf der linken Seite mit möglicher Apoplexie. Wider alle Einsicht unterzeichnete er noch in Amerika den Vertrag für eine weitere Vortragsserie in England. Es sollte seine Abschiedstournee werden, für die er als Höhepunkt die Ermordung Nancys durch Bill Sikes (aus *Oliver Twist*) wählte. *Ohne Zweifel könnte ich damit eine Zuhörerschaft vollkommen vor Schrecken erstarren lassen. Aber ob dann der Eindruck nicht derart schrecklich wäre, daß sie beim nächstenmal fernbleibt, kann ich nicht hinreichend beantworten.*[204] Doch die Bedenken waren bald ausgeräumt. Sein Sohn Charley wurde eines Tages durch grauenvolle Schreie im Garten aufgeschreckt, und als er entsetzt hinauseilte, sah er seinen Vater die Romanfigur Nancy mit wilder Gestik erwürgen. Dickens stattete seine Charaktere mit einer darstellerischen Mimesis aus, die auf seine Umwelt allein schon deshalb so schockierend wirkte, weil sie mit einer totalen Aufgabe jeglicher Distanz verbunden war – als ob der Autor einen dunklen, verborgenen Teil seiner selbst einem erschrockenen Publikum vorstellen wollte. Edgar Johnson bemerkt in seiner großen Dickens-Biographie zu Recht: «Als er sich entschied, den Mord an Nancy in sein Repertoire aufzunehmen, sprach er sich selbst sein Todesurteil aus.»[205] Dickens scherzte über seine *mörderischen Instinkte*[206] und schrieb fasziniert: *Im ganzen Theater herrschte mir gegenüber ein unverwandter Ausdruck des Schreckens, der nicht hätte übertroffen werden können, wenn ich zur Hinrichtung geführt worden wäre . . . Es ist eine ziemliche Sensation, wenn einen alle derart verabscheuen; und ich hoffe, es wird so bleiben!*[207] Als George Dolby, sein «road-manager», ihn überreden wollte, den Mord wenigstens auf die größeren Städte zu beschränken, schmetterte er sein Eßbesteck so heftig gegen den Teller, daß dieser zersprang, und schrie in ungewohnter Heftigkeit: *Dolby! deine höllische Vorsicht wird noch einmal dein Verderben sein.*[208] Die Tränen, die er sogleich in Reue über seinen Gefühlsausbruch vergoß, verraten seine Ahnung, daß er selbst dem Verderben entgegentrieb.

Das Geheimnis von Edwin Drood (*The Mystery of Edwin Drood*) blieb auch Dickens' großes Geheimnis, unvollendet, rätselhaft, todesnah. Die 23 Kapitel und die «Nummernpläne», die der Nachwelt erhalten sind, geben nur unzureichend Auskunft über den Gesamtplan des Romans. Hätte die Geschichte nicht den Plot einer Detektivgeschichte, die nach der Auflösung des «whodunit» (wer war's?) geradezu verlangt, hätten sich gewiß nicht Generationen von Amateurforschern an dem spekulativen Ratespiel beteiligt, obgleich noch die Leiche fehlt und der Detektiv sich noch nicht zu erkennen gab. Die kriminalistische Neugier konzentriert sich vor allem auf einen goldenen Ring und das lange schwarze Seidenhalstuch, das der Laienkantor John Jasper trägt. Jaspers vage Drohungen gegenüber seinem Neffen und Nebenbuhler Edwin Drood (der unter merkwürdigen Umständen verschwindet), seine dämonische Getriebenheit hinter der Maske von Pflichtbewußtsein und Wohlanständigkeit sowie seine gelegentlichen Ausflüge in Londoner Opiumhöhlen machen ihn zum Hauptverdächtigen. Seine Liebeserklärung an Rosa Bud, Droods Verlobte, enthüllt die dunkle Leidenschaft eines Gespaltenen, der für sich alle Hoffnung aufgegeben hat: *«Ich biete dir mein vergangenes und gegenwärtiges nutzlos verbrachtes Leben an, die Trostlosigkeit meines Herzens und meiner Seele, meinen verlorenen Frieden, meine Verzweiflung. Tritt sie in den Staub und nimm mich, wenn auch mit tödlichem Haß!»*[209] Die Fährte ist mit Jaspers Doppelexistenz gelegt, doch die eigentlichen Wegweiser (die Motive und Zusammenhänge) sind noch nicht errichtet. Nur eines ist ersichtlich: Dickens verlegt die verbrecherischen Antriebskräfte nicht mehr in melodramatisch gezeichnete Außenseiterfiguren, sondern in Personen, die aus den Konventionen einer gutbürgerlichen Existenz ausbrechen, weil der seelische Druck der auferlegten Beschränkungen zu groß geworden ist. War nicht auch der Künstler, der in die mörderische Rolle des Bill Sikes schlüpft, ein Doppelgänger mit verborgenen Zerstörungstrieben?

Der «Fall Drood» kann jedoch mit der kriminalistischen Pointe nicht als abgeschlossen gelten. Drängender noch ist die Frage, warum Dickens nach der räumlichen und gesellschaftlichen Weite seiner vorangegangenen Romane das Geschehen in der provinziellen Enge von Cloisterham spielen läßt. Eine stille Herbst- und Todesatmosphäre durchzieht die alte Kathedralenstadt mit ihren riesigen Ulmen, ihren Turmraben, Ruinen und Grüften. Ihr Vorbild Rochester (nahe bei Gad's Hill) war Dickens' Lieblingsort in seiner Jugend und Schauplatz lebensfroher Szenen in den *Pickwickiern*. Die späte Rückkehr jedoch zerstört die heile Idylle, in der sich inzwischen unerklärliche Mächte des Bösen eingenistet haben. Gleich zu Romanbeginn vermischen sich in Jaspers phantasmagorischen Opiumvisionen geheimnisvolle fernöstliche Traumbilder mit dem fremd gewordenen Kirchturmbereich von Cloisterham. Wenn *Edwin Drood* auch frei ist von sozialkritischen Anklängen, so gibt es doch immer wieder beunruhigende Schatten der Stagnation und des

1870

Verfalls, in deren Dunkelheit sich eine Bedrohung verbirgt, die gleichzeitig aus unmittelbarer Nähe und weitester Ferne kommt: Provinzialität und Imperialismus scheinen sich schließlich im Verbrechen zu berühren. Vielleicht wollte Dickens wirklich nur Wilkie Collins mit einer Kriminalgeschichte übertreffen, doch weist bereits das Fragment auf ein Unheil hin, das mit der Aufdeckung eines Mordes noch nicht aus der Welt geschafft ist.

Am 8. Juni 1870 arbeitete Dickens in Gad's Hill seit dem frühen Morgen an der Fortsetzung von *Edwin Drood*. Vor dem Abendessen zitierte er in einem Brief an Forster noch die Warnung von Bruder Lorenzo an Romeo: «So wilde

127

Auf dem Totenbett. Zeichnung von John Everett Millais

Freude nimmt ein wildes Ende.»²¹⁰ Der Schlaganfall kam plötzlich, und kein Arzt vermochte mehr zu helfen. Am Abend des folgenden Tages, kurz nach sechs Uhr, starb Dickens im Beisein seiner Kinder Katey und Charley sowie von Ellen Ternan.

Ausgerechnet die «Times», die Dickens als Verkörperung konservativer Erstarrung attackiert hatte, setzte sich für sein Begräbnis in der Westminster Abtei ein. Der letzte Wunsch des Toten um eine Beisetzung in aller Stille wurde zwar respektiert, doch wie schon in den amerikanischen Hotels lag eine Menschenmenge auf der Lauer, um diesmal einen Blick ins offene Grab zu werfen. «Der leere Stuhl», eine Zeichnung von Luke Fildes, machte dem viktorianischen Publikum die Endgültigkeit des Verlusts auf schmerzhafte Weise deutlich. Zugleich sollten die Figuren, die sich um Stuhl und Schreibpult sammeln, an eine höchst lebendige Welt erinnern, die in der Lektüre stets neu entdeckt werden kann.

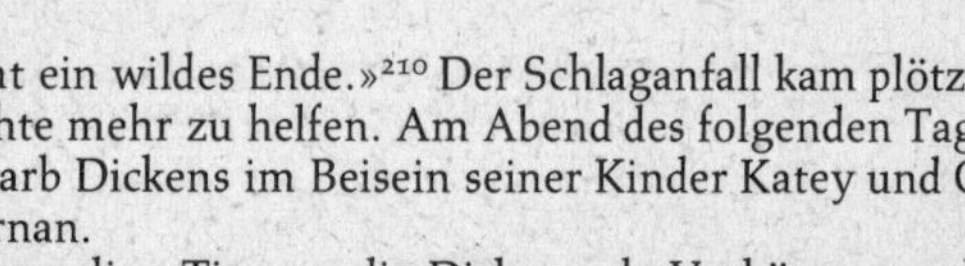

THE EMPTY CHAIR.

«Der leere Stuhl». Zeichnung von Luke Fildes («Judy», 1870)

ANMERKUNGEN

Die deutschen Übersetzungen aus den Romanen sind z. T. wörtlich, z. T. verändert der bei Winkler erschienenen Dickens-Ausgabe entnommen (vgl. Bibliographie S.141 f). Alle anderen Übersetzungen stammen vom Verfasser.

1 Zit. nach Philip Collins (Hg.): «Dickens. The Critical Heritage». London 1971. S. 322

2 George Bernard Shaw: «Hard Times» (1912). In: George H. Ford und Lauriat Lane, jr. (Hg.), «The Dickens Critics». Ithaca, N. Y. 1961. S. 126

3 Henry James: «The Limitations of Charles Dickens». In: Ford und Lane, a. a. O., S. 52

4 George Henry Lewes: «Dickens in Relation to Criticism» (1872); ebd. S. 62

5 Zit. nach Michail Lifschitz (Hg.): «Karl Marx-Friedrich Engels: Über Kunst und Literatur». Berlin 1949. S. 231

6 Una Pope-Hennessy: «Charles Dickens». Penguin 1970. S. 12

7 Ebd.

8 Kathleen Tillotson; zit. nach Angus Wilson: «The World of Charles Dickens». Penguin 1972. S. 12

9 In: «The Wound and the Bow. Seven Studies in Literature». London 1952. S. 1–93

10 Zit. nach Edgar Johnson: «Charles Dickens. His Tragedy and Triumph». London 1953. Bd. I, S. 4 [zit. Johnson]

11 19. 8. 1860 an Mrs. Dickinson. In: Walter Dexter (Hg.), The Letters of Charles Dickens. London 1938. Bd. III, S. 173 [zit.: Letters]

12 Zit. nach Wilson, a. a. O., S. 28

13 David Copperfield, Kap. 4

14 John Forster: «The Life of Charles Dickens». Hg. von B. W. Matz. London 1911. Bd. I, S. 12

15 Ebd., S. 13

16 Londoner Skizzen, «Seven Dials»

17 Forster, a. a. O., S. 14–15

18 Ebd., S. 23

19 Ebd., S. 24

20 Ebd., S. 27

21 Vgl. Wilson, a. a. O., S. 59

22 Forster, a. a. O., S. 18

23 Ebd., S. 35

24 «Warehousemen and Clerks' School» in: K. J. Fielding (Hg.), The Speeches of Charles Dickens. Oxford 1960. S. 241

25 David Copperfield, Kap. 38

26 «The Newspaper Press Fund» in: Fielding, a. a. O., S. 347

27 Zit. nach Johnson I, 64

28 Bleak House, Kap. 40

29 David Copperfield, Kap. 43

30 22. 2. 1855 an Maria Winter (Letters II, S. 633; Johnson I, 83)

31 Große Erwartungen, Kap. 29

32 Little Dorrit, Kap. 13

33 Zit. nach Wilson, a. a. O., S. 107

34 Die Pickwickier, Kap. 13

35 «Vorwort» zu Die Pickwickier

36 Ebd.

37 Ebd.

38 Zit. nach Johnson I, 109
39 *Londoner Skizzen,* «Die Straßen am Abend»
40 Wilson, a. a. O., S. 100
41 Zit. nach Johnson I, 154
42 *Letters* I, 788 ; Johnson II, 601
43 7. 5. 1850 an Forster (*Letters* II, 214 ; Johnson II, 676)
44 Zit. nach Johnson II, 674
45 Ebd., 675
46 «Vorwort» zu *Die Pickwickier*
47 Zit. nach Johnson I, 119
48 14. 4. 1836 an Seymour (*Letters* I, 68–69 ; Johnson I, 137)
49 Zit. nach Johnson I, 135
50 Juli 1836 an Macrone (*Letters* I, 76 ; Johnson I, 149)
51 1. 11. 1836 an Chapman & Hall (*Letters* I, 87 ; Johnson I, 156)
52 *Die Pickwickier,* Kap. 57
53 Ebd., Kap. 45
54 Gilbert Keith Chesterton: «Criticisms and Appreciations». London 1933. S. 16
55 John Lucas: «The Melancholy Man. A Study of Dickens's Novels». London 1970.
   S. 55
56 18. 11. 1836 an Easthope (*Letters* I, 88 ; Johnson I, 181)
57 17. 8. 1836 an Bentley (Johnson I, 151)
58 5. 2. 1836 an Bentley (Johnson I, 185)
59 Zit. nach Johnson I, 130
60 Ebd., 196
61 12. 7. 1837 an Johns (*Letters* I, 120 ; Johnson I, 199)
62 7. 1. 1841 an Forster (*Letters* I, 292/93 ; Johnson I, 201)
63 George H. Ford: «Dickens and His Readers». Princeton, N. J. 1965. S. 41
64 Eintrag am 7. 4. 1839. In: Collins, a. a. O., S. 44
65 *Oliver Twist,* Kap. 2
66 Ebd., Kap. 3
67 Ebd., Kap 2
68 Ebd., Kap. 19
69 Ebd., Kap. 50
70 Arnold Kettle: «An Introduction to the English Novel». London 1951. S. 123
71 «Vorwort» zur dritten Auflage von *Oliver Twist*
72 *Oliver Twist,* Kap. 43
73 28. 11. 1836 an Cruikshank (*Letters* I, 90 ; Johnson I, 152)
74 7. 8. 1838 an Forster (*Letters* I, 172 ; Johnson I, 221)
75 September 1838 an Forster (*Letters* I, 173 ; Johnson I, 222)
76 Zit. nach Johnson I, 245
77 Vgl. Wolf Mankowitz: «Charles Dickens of London». London 1976. S. 86
78 März 1840 an Forster (*Letters* I, 254 ; Johnson I, 298)
79 *Der Raritätenladen,* Kap. 50
80 Vgl. Johnson I, 304
81 Ebd.
82 «Graham's Magazine» XVIII (1841), S. 250 ; zit. bei Ford, a. a. O., S. 56
83 Zit. nach Ford, a. a. O., S. 55
84 Ebd., S. 61
85 «Vorwort» zu *Barnaby Rudge*
86 13. 8. 1841 an Forster (*Letters* I, 345 ; Johnson I, 315)
87 15. 12. 1840 an Southwood Smith (*Letters* I, 282 ; Johnson I, 313)
88 Zit. nach Johnson I, 345

89 19. 9. 1841 an Forster (*Letters* I, 353; Johnson I, 358)
90 Zit. nach Johnson I, 357
91 Vgl. Pope-Hennessy, a. a. O., S. 221
92 Zit. nach Johnson I, 352
93 21. 1. 1842 an Forster (*Letters* I, 374; Johnson I, 364)
94 29. 1. 1842 an Forster (*Letters* I, 380; Johnson I, 371). Natürlich kann unter
    Neuengland kein amerikanischer Bundesstaat gemeint sein.
95 Zit. nach Johnson I, 373
96 Rede vom 1. 2. 1842 in Boston; in: Fielding, a. a. O., S. 17–22
97 Zit. nach Johnson I, 376
98 24. 2. 1842 an Forster (*Letters* I, 386; Johnson I, 380)
99 Ebd.
100 Ebd. (Johnson I, 381)
101 Ebd. (Johnson I, 382)
102 24. 2. 1842 an Forster (*Letters* I, 388; Johnson I, 383)
103 12. 3. 1842 an Fonblanque (Johnson I, 399)
104 22. 3. 1842 an Macready (*Letters* I, 412–15)
105 12. 3. 1842 an Fonblanque (Johnson I, 405)
106 26. 5. 1842 an Forster (*Letters* I, 459; Johnson I, 425)
107 Ebd. (Johnson I, 426)
108 Vgl. Johnson I, 442
109 *Martin Chuzzlewit*, Kap. 33
110 Zit. bei Ford, a. a. O., S. 44
111 *Martin Chuzzlewit*, Kap. 2
112 2. 1. 1844 an Felton (*Letters* I, 553; Johnson I, 466)
113 *Weihnachtserzählung*, «Erste Strophe»
114 11. 3. 1844; zit. nach Johnson I, 500
115 Aus *Pictures from Italy*; zit. nach Johnson I, 509
116 Forster, a. a. O., S. 350
117 *Die Glocken*, «Drittes Viertel»
118 Vgl. Johnson I, 555
119 18. 3. 1845 an Miss Coutts (*Letters* I, 664; Johnson I, 553)
120 6. 11. 1845 an Bradbury & Evans (*Letters* I, 716; Johnson I, 574)
121 Vgl. Johnson I, 582
122 5. 7. 1846 an Forster (*Letters* I, 762–63; Johnson II, 604)
123 14. 10. 1846 an Forster (*Letters* I, 798; Johnson II, 603)
124 Vgl. Johnson II, 611
125 *Dombey und Sohn*, Kap. 27
126 Ebd., Kap. 6
127 Ebd., Kap. 1
128 Ebd., Kap. 5
129 10. 7. 1849 an Forster (*Letters* II, 160; Johnson II, 667)
130 «Vorwort» zu *David Copperfield* (Ausgabe von 1869)
131 *David Copperfield*, Kap. 42
132 Wilson, a. a. O., S. 215
133 7. 10. 1849 an Forster (*Letters* II, 128; Johnson II, 701)
134 Aus Shakespeares «King Henry the Fifth», IV, iii
135 30. 3. 1850, «Preliminary Word» zu «Household Words»
136 Ebd.
137 Ebd.
138 Ebd.
139 Vgl. Johnson II, 718

140 Ebd., 712
141 5. 8. 1853 an Wills (*Letters* II, 481; Johnson II, 712)
142 Asa Briggs: «Victorian People». Penguin 1970. S. 9
143 17. 8. 1851 an Miss Coutts (*Letters* II, 338; Johnson II, 746)
144 Vgl. Johnson II, 729
145 *Bleak House*, Kap. 1
146 Ebd., Kap. 2
147 Ebd.
148 Ebd., Kap. 40
149 Ebd., Kap. 46
150 1. 11. 1854 an Mrs. Watson (*Letters* II, 602; Johnson II, 793)
151 Zit. nach Johnson II, 793
152 «On Strike» in: «Household Words», 11. 2. 1854
153 20. 1. 1854 an Forster (*Letters* II, 537; Johnson II, 795)
154 *Harte Zeiten*, Kap. 36
155 Ebd., Kap. 1
156 Shaw, a. a. O., S. 128
157 17. 6. 1854 an Coles (Johnson II, 797)
158 «On Strike» in: «Household Words», 11. 2. 1854
159 Raymond Williams: «Culture and Society». Penguin 1975. S. 107
160 1. 11. 1854 an Mrs. Watson (*Letters* II, 603; Johnson II, 822)
161 Ebd.
162 Oktober 1854 an Forster (*Letters* II, 596; Johnson II, 825)
163 «To Working Men» in: «Household Words», 7. 10. 1854
164 Vgl. Johnson II, 826
165 26. 10. 1854 an Miss Coutts (*Letters* II, 600; Johnson II, 827)
166 4. 10. 1855 an Macready (*Letters* II, 695; Johnson II, 862)
167 April 1856 an Forster (*Letters* II, 765; Johnson II, 862)
168 *Little Dorrit*, Kap. 10
169 Ebd., Kap. 34
170 George Bernard Shaw: «Vorwort» zu *Große Erwartungen* (1937). In: Stephen
    Wall (Hg.), «Charles Dickens. A Critical Anthology». Penguin 1970. S. 290
171 29. 8. 1857 an Collins (Johnson II, 878)
172 13. 7. 1857 an Macready (*Letters* II, 862; Johnson II, 874)
173 7. 12. 1857 an Mrs. Watson (Johnson II, 877/78)
174 Sommer 1857 an Forster (*Letters* II, 887/88; Johnson II, 880/81)
175 5. 9. 1857 an Forster (*Letters* II, 877/78; Johnson II, 881)
176 September 1857 an Forster (*Letters* II, 888; Johnson II, 882)
177 1. 5. 1858 an Beard (*Letters* III, 20; Johnson II, 916)
178 Zit. nach Johnson II, 921
179 Ebd.
180 Ebd., 922
181 12. 6. 1858 in «Household Words»
182 Zit. nach Johnson II, 924, und Wilson, a. a. O., S. 256
183 Zit. nach Johnson II, 924/25
184 Zit. nach Wilson, a. a. O., S. 252
185 *Eine Geschichte zweier Städte*, Buch III, Kap. 15
186 Zit. nach Johnson II, 963
187 Gladys Storey: «Dickens and Daughter». London 1939. S. 107
188 Oktober 1860 an Forster (*Letters* III, 186; Johnson II, 965)
189 *Große Erwartungen*, Kap. 59
190 22. 4. 1863 an Collins (*Letters* III, 349; Johnson II, 995)

191 Storey, a. a. O., S. 93
192 13. 6. 1865 an Mitton (*Letters* III, 425/26; Johnson II, 1019)
193 12. 6. 1865 an den Bahnhofsvorsteher von Charing Cross (Johnson II, 1020)
194 9. 2. 1866 an Georgina Hogarth (*Letters* III, 459/60; Johnson II, 1060)
195 In: Ford und Lane, a. a. O., S. 51
196 *Unser gemeinsamer Freund,* Buch I, Kap. 2
197 Ebd., Kap. 10
198 Ebd., Buch III, Kap. 15
199 Ebd., Buch IV, Letztes Kapitel
200 Ebd.
201 Vgl. die Studie von Ludwig Borinski: «Dickens' Spätstil». In: Heinz Reinhold (Hg.), «Charles Dickens. Sein Werk im Lichte neuer Forschung». Heidelberg 1969. S. 134–165
202 Aus: George Dolby, «Charles Dickens as I Knew Him». New York 1912. S. 158/59
203 Zit. nach Johnson II, 1080
204 Oktober 1868 an Forster (*Letters* III, 674; Johnson II, 1102)
205 Johnson II, 1104
206 Dolby, a. a. O., S. 386
207 9. 4. 1869 an Fields (*Letters* III, 718/19; Johnson II, 1107)
208 Dolby, a. a. O., S. 387/88
209 *Das Geheimnis des Edwin Drood,* Kap. 19
210 8. 6. 1870 an Kent (*Letters* III, 784; Johnson II, 1153). Die zitierte Stelle ist aus «Romeo and Juliet», II, vi.

ZEITTAFEL

ZEUGNISSE

HYPPOLITE TAINE

Dickens ist, wie alle englischen Romanschriftsteller, hoffnungslos schicklich («respektabel» im englischen Wortsinn). Er und seine Kollegen schreiben nach einem Rezept: «Sei anständig. Alle deine Romane müssen so sein, daß sie von jungen Mädchen gelesen werden können.»

Aus «Charles Dickens: son talent et ses œuvres».
In: «Revue des Deux Mondes».
1856

JOHN RUSKIN

Wert und Wahrheit von Dickens' Schriften sind törichterweise von vielen klugen Personen aus den Augen verloren worden, einzig weil er seine Wahrheit mit ein wenig Karikatur versieht. Törichterweise, weil seine Karikatur, obgleich oft derb, nie unrecht hat. Ungeachtet seiner Art und Weise, wie er die Dinge erzählt, sind diese Dinge selbst doch immer wahr. Ich wünschte, er könnte sich dafür entscheiden, seine glänzenden Übertreibungen auf Werke zu beschränken, die einzig für die öffentliche Unterhaltung geschrieben sind; und wenn er ein Thema von hoher nationaler Bedeutung aufgreift, wie in *Harte Zeiten*, sollte er eine strengere und genauere Analyse anstellen.

Aus «Cornhill Magazine». August 1860

OTTO LUDWIG

Dickens ist wirklich ein Dichter, und ein großer. Immer Handlung und Empfindung, nie abstrakte Reflexion. Die Phantasie ist die Basis seiner wie aller wahren Dichtung, die übrigen Vermögen in ihrem Dienste verwandeln sich ganz in sie. Seine Figuren sind Abstraktionen; aber wie er den oft geringen Inhalt derselben zu variieren weiß, erregt Bewunderung. Die meisten haben eigentlich kein Innres, sie sind poetische Automaten, die eine gewisse Anzahl von Bewegungen nach dem Uhrwerke abspielen.

Eine Hauptkunst von ihm ist die des Dialogs. Wunderbar, wie er den kleinsten Inhalt ausspinnen kann in lange Gespräche, die den Leser nicht ermüden, im Gegenteile. Von Boz muß man sagen, wie von Shakespeare, daß er nicht allein durch, sondern auch in seinen Werken den Leser unterhält. Jede Figur weiß er von der unterhaltenden Seite zu packen. Über etwas möchte man unzufrieden mit ihm sein. Seine Werke sind recht eigentlich Tendenzgeschichten; das macht sie gewiß nur interessanter, aber die offne Absicht erkältet.

Aus «Harte Zeiten von Dickens». 1860

Leo N. Tolstoj

Die erste Bedingung für die Popularität eines Autors ist die Liebe, mit der er seine Charaktere behandelt. Deshalb sind die Figuren bei Dickens Freunde der gesamten Menschheit. Sie bilden ein vereinigendes Band zwischen den Menschen in Amerika und den Menschen in St. Petersburg.

Aus dem Notizbuch. 1903

Gilbert Keith Chesterton

Dickens war mehr Mythologe als Romancier; er war der letzte Mythologe und vielleicht der größte. Nicht immer gelang es ihm, aus Charakteren Menschen zu machen, aber stets machte er sie wenigstens zu Göttern. Sie sind Geschöpfe wie Punch oder der Weihnachtsmann. Sie leben statisch, im ständigen Sommerzustand, und sind damit ganz sie selbst. Es war nicht Dickens' Ziel, die Wirkung von Zeit und Umständen auf einen Charakter aufzuzeigen, nicht einmal die Wirkung eines Charakters auf Zeit und Umstände. Sein Ziel war es, den Charakter in einer Art glücklicher Leere zu zeigen, in einer Welt jenseits von Zeit.

Aus: «Charles Dickens». 1906

Franz Kafka

Meine Absicht war, wie ich jetzt sehe, einen Dickens-Roman zu schreiben, nur bereichert um die schärferen Lichter, die ich der Zeit entnommen, und die matter, die ich aus mir selbst aufgesteckt hätte. Dickens' Reichtum und bedenkenloses mächtiges Hinströmen, aber infolgedessen Stellen grauenhafter Kraftlosigkeit, wo er müde nur das Erreichte durcheinanderrührt. Barbarisch der Eindruck des unsinnigen Ganzen, ein Barbarentum, das allerdings ich, dank meiner Schwäche und belehrt durch mein Epigonentum, vermieden habe. Herzlosigkeit hinter der von Gefühl überströmenden Manier. Diese Klötze roher Charakterisierung, die künstlich bei jedem Menschen eingetrieben werden und ohne die Dickens nicht imstande wäre, seine Geschichte auch nur einmal flüchtig hinaufzuklettern.

Aus dem Tagebuch. 8. Oktober 1917

André Gide

Dickens' wundervolle Romane bereiten mir oft ein Unbehagen angesichts der Schablonenhaftigkeit, ja selbst Kindlichkeit seiner Hierarchie, oder um mit Nietzsche zu sprechen, seiner Rangordnung der Werte. Wenn ich ihn lese, habe ich den Eindruck, daß ich eines von Fra Angelicos «Jüngsten Gerichten» betrachte, auf denen die Geretteten, die Verdammten und die Unentschlossenen (ihrer nicht zu viele!) dargestellt sind, um die Engel und Dämonen ihren Kampf austragen ... Ich habe Dickens als einen Typus ausgewählt, weil er von allen uns bekannten Romanschriftstellern sich dieser

Klassifikation in ihrer einfachsten Form bedient: was letztlich das Geheimnis seiner Popularität ausmacht.

Aus: «Dostojewski». 1923

THOMAS STEARNS ELIOT

Dickens' Figuren gehören der Poesie an, wie die Figuren bei Dante und Shakespeare, indem ein einziger Satz von ihnen oder über sie bereits genügen kann, um sie uns völlig gegenwärtig zu machen.

Aus: «Wilkie Collins und Dickens». In: «Times Literary Supplement».
1927

GEORGE BERNARD SHAW

Dickens fand nie Zeit, eine Philosophie oder ein Glaubensbekenntnis zu formulieren; und seine späteren und größeren Bücher sind verdüstert vom Übel, das auf Erden angerichtet wird; doch wenigstens bewahrte er sich seine intellektuelle Unschuld soweit, um dem trostlosen pseudowissenschaftlichen Fatalismus zu entgehen, der in seinen letzten Jahren auf die Welt hereinbrach.

Aus dem «Vorwort» zu «Große Erwartungen». 1937

BIBLIOGRAPHIE

1. Bibliographien, Forschungsberichte, Zeitschriften

Cook, James: Bibliography of the Writings of Charles Dickens. London 1879

Shepherd, R. H.: The Bibliography of Dickens. London 1880

Kitton, Frederic G.: Dickensiana: A Bibliography of the Literature Relating to Charles Dickens and his Writings. London 1886

Eckel, J. C.: The First Editions of the Writings of Charles Dickens. London 1913 – New York 1972

Dibelius, Wilhelm: Bibliographie. In: Charles Dickens. Leipzig 1916. S. 479–504

Hatton, T., und Arthur H. Cleaver: A Bibliography of the Periodical Works of Charles Dickens. London 1933 – New York 1972

Miller, W.: The Dickens Student and Collector: A List of Writings Relating to Charles Dickens and his Works. 1836–1945. Cambridge, Mass. 1946

Nisbet, Ada B.: Dickens. In: Lionel Stevenson (Hg.), Victorian Fiction: A Guide to Research. Cambridge, Mass. 1963

Blount, Trevor: Keeping up with the Dickens Industry. In: The Dickensian (1968)

Collins, Philip: A Dickens Bibliography. In: The New Cambridge Bibliography of English Literature. 1969

Mehl, Dieter: Dickens und die neuere Literaturkritik. In: Archiv 205 (1969), S. 102–118

Gold, Joseph: The Stature of Dickens: A Centenary Bibliography. Toronto–Buffalo 1971

Tetzeli von Rosador, Kurt: Dickens 1970: ‹These Goblin Volumes›. In: Archiv 208 (1971), S. 298–309

Slater, Michael: Dickens. In: A. E. Dyson (Hg.), The English Novel. Select Bibliographical Guides. Oxford 1974. S. 179–199

Churchill, R. C.: A Bibliography of Dickensian Criticism 1836–1975. London 1975

Dunn, Frank T. (Hg.): A Cumulative Analytical Index to The Dickensian 1905–1974. Hassocks 1976

The Dickensian: A Magazine for Dickens Lovers. Hg. (in historischer Reihenfolge) von B. W. Matz, Walter Dexter, Leslie C. Staples und Michael Slater. Ursprünglich in monatlicher, nun vierteljährlicher Folge. London (Dickens Fellowship) ab 1905

The American Dickensian. Erschien vierteljährlich. New York 1922–1930

Dickens Studies: A Journal of Modern Research and Criticism. Hg. von Noel C. Peyrouton. Boston 1965–1970

Dickens Studies Annual. Hg. von Robert B. Partlow, Jr. Carbondale, III. ab 1971

2. Werke

a) Gesamtausgaben

First Cheap Edition. 19 Bde. London 1847–1867

Library Edition. 22 Bde. London 1858–1859

Library Edition. Illustrated. 30 Bde. London 1861–1873

The People's Edition. 25 Bde. London 1865–1867

The Charles Dickens Edition. Illustrated. 21 Bde. London 1867–1873

The Household Edition. Illustrated. 22 Bde. London 1871–1879

Illustrated Library Edition. 30 Bde. London 1873–1876

The Popular Library Edition. Illustrated. 30 Bde. London 1878–1880
The Pocket Edition. 30 Bde. London 1880
The Diamond Edition. Illustrated. 14 Bde. London 1880
Edition de Luxe. Illustrated. London 1881
The Gadshill Edition Hg. von ANDREW LANG. 36 Bde. London 1897–1908
The Temple Edition. Hg. von WALTER JERROLD. 35 Bde. London–New York 1899–1903
The Rochester Edition. Hg. von F. G. KITTON. 9 Bde. London 1900–1902
The Authentic Edition. 22 Bde. London 1901–1906
The Imperial Edition. 16 Bde. London 1901–1903
The Oxford India Paper Dickens. 17 Bde. London 1901–1902
The Biographical Edition. Hg. von A. WAUGH. 20 Bde. London 1902–1903
The Fireside Dickens. 23 Bde. London 1903–1907 (Neuausgabe des Oxford India Paper
    Dickens)
Soho Edition. 12 Bde. London 1903–1904
The National Edition. Hg. von B. W. MATZ. 40 Bde. London 1906–1908
The Centenary Edition. 36 Bde. London–New York 1910–1911 (Neuauflage der Gads-
    hill Edition)
The Universal Edition. 22 Bde. London 1912–1913
The Waverly Edition. 30 Bde. London 1913–1915
The Nonesuch Dickens. Hg. von A. WAUGH, W. DEXTER, T. HATTON und H. WALPOLE.
    23 Bde. London 1937–1938
The New Oxford Illustrated Dickens. 21 Bde. London 1947–1959
The Clarendon Dickens [in Entstehung]. London ab 1966

b) Einzelausgaben

ROMANE
Nach den Angaben zur Erstveröffentlichung in Fortsetzungen folgen Erscheinungsort
und -datum der jeweils ersten Buchausgabe. In Klammern der Verweis auf die entspre-
chende Ausgabe in The New Oxford Illustrated Dickens (N. O. I. D.) sowie der
deutschsprachigen Winkler-Edition.

The Posthumous Papers of the Pickwick Club. Monatliche Erscheinungsfolge April
    1836 bis November 1837. London 1837 (N. O. I. D. 1948; dt. von JOSEF THANNER.
    München 1956)
Oliver Twist; or The Parish Boy's Progress. Monatliche Erscheinungsfolge in «Bent-
    ley's Miscellany» Februar 1837 bis März 1839. London 1838 (N. O. I. D. 1949; dt.
    von CARL KOLB. München 1957)
Life and Adventures of Nicholas Nickleby. Monatliche Erscheinungsfolge April 1838
    bis Oktober 1839. London 1839 (N. O. I. D. 1950; dt. von MARIA V. SCHWEINITZ.
    München 1966)
The Old Curiosity Shop. Wöchentliche Erscheinungsfolge in «Master Humphrey's
    Clock» April 1840 bis Februar 1841. London 1841 (N. O. I. D. 1951; dt. von MARIA V.
    SCHWEINITZ. München 1962)
Barnaby Rudge: A Tale of the Riots of 'Eighty. Wöchentliche Erscheinungsfolge in
    «Master Humphrey's Clock» Februar 1841 bis November 1841. London 1841 (N. O.
    I. D. 1954; dt. von MARIA V. SCHWEINITZ. München 1963)
Life and Adventures of Martin Chuzzlewit. Monatliche Erscheinungsfolge Januar 1843
    bis Juli 1844. London 1844 (N. O. I. D. 1951; dt. von CARL KOLB. München 1958)
Dealings with the Firm of Dombey and Son, Wholesale, Retail and for Exportation.
    Monatliche Erscheinungsfolge Oktober 1846 bis April 1848. London 1848 (N. O. I.
    D. 1950; dt. von MARIA V. SCHWEINITZ. München 1959)

The Personal History of David Copperfield. Monatliche Erscheinungsfolge Mai 1849 bis November 1850. London 1850 (N. O. I. D. 1948; dt. von JOSEF THANNER. München 1970)

Bleak House. Monatliche Erscheinungsfolge März 1852 bis September 1853. London 1853 (N. O. I. D. 1948; dt. von CARL KOLB. München 1959)

Hard Times for These Times. Wöchentliche Erscheinungsfolge in «Household Words» April 1854 bis August 1854. London 1854 (N. O. I. D. 1955; dt. von JULIUS SEYBT. München 1964)

Little Dorrit. Monatliche Erscheinungsfolge in «Household Words» Dezember 1855 bis Juni 1857. London 1857 (N. O. I. D. 1953; dt. von MORITZ BUSCH. München 1961)

A Tale of Two Cities. Wöchentliche Erscheinungsfolge in «All the Year Round» April 1859 bis November 1859. London 1859 (N. O. I. D. 1949; dt. von JULIUS SEYBT. München 1964)

Great Expectations. Wöchentliche Erscheinungsfolge in «All the Year Round» Dezember 1860 bis August 1861. London 1862 (N. O. I. D. 1953; dt. von JOSEF THANNER. München 1956)

Our Mutual Friend. Monatliche Erscheinungsfolge Mai 1864 bis November 1865. London 1865 (N. O. I. D. 1952; dt. von MARIE SCOTT. München 1967)

The Mystery of Edwin Drood. Monatliche Erscheinungsfolge April 1870 bis September 1870 (sechs von geplanten zwölf Folgen). London 1870 (N. O. I. D. 1956; dt. von EMIL LEHMANN. München 1970)

SKIZZEN, ERZÄHLUNGEN, DRAMEN, GEDICHTE, ALLGEMEINE PROSA

Sketches by Boz. London 1836 (N. O. I. D. 1957; dt. von H. ROBERTS. München 1975)

The Village Coquette: A Comic Opera in Two Acts. London 1836

The Strange Gentleman: A Comic Burletta in Two Acts. London 1837

Is She His Wife? or Something Singular: A Comic Burletta in One Act. London ca. 1837

American Notes. London 1842 (N. O. I. D. 1957; dt. von E. A. MORIARTY. München 1972)

Pictures from Italy. London 1846 (N. O. I. D. 1957)

Mr. Nightingale's Diary: A Farce in One Act [zus. mit Mark Lemon]. London 1851

A Child's History of England. Wöchentliche Erscheinungsfolge in «Household Words» Januar 1851 bis Dezember 1853. 3 Bde. London 1852–1854 (N. O. I. D. 1958)

Christmas Books. London 1852 (N. O. I. D. 1954; dt. von CARL KOLB und JULIUS SEYBT. München 1957). Enthält: A Christmas Carol. London 1843; The Chimes. London 1844; The Cricket on the Hearth. London 1845; The Battle of Life. London 1846; The Haunted Man. London 1847

All the Year Round. Wöchentlich ab 30. April 1859. 20 Bde. London 1859–1868

The Uncommercial Traveller. London 1861, 1868, 1875 (N. O. I. D. 1958)

Christmas Stories. Ursprünglich veröffentlicht in «Household Words» und «All the Year Round». London 1871 (N. O. I. D. 1956). Enthält: The Seven Poor Travellers, 1854; The Holly-Tree, 1855; The Wreck of the Golden Mary, 1856; The Perils of Certain English Prisoners, 1857; Going Into Society, 1858; The Haunted House, 1859; A Message from the Sea, 1860; Tom Tiddler's Ground, 1861; Somebody's Luggage, 1862; Mrs. Lirriper's Lodgings, 1863; Doctor Marigold, 1865; Two Ghost Stories, 1865–1866; Mugby Junction, 1866; No Thoroughfare, 1867. Zusätzlich in N. O. I. D.: A Christmas Tree, 1850; What Christmas is as We Grow Older, 1851; The Poor Relation's Story, 1852; The Child's Story, 1852; The Schoolboy's Story, 1853; The Lazy Tour of Two Idle Apprentices, 1857

The Lamplighter: A Farce (1838). London 1879

The Mudfog Papers etc., Now First Collected. [Aus «Bentley's Miscellany» 1837–1838] London 1880

The Plays and Poems of Charles Dickens, With a Few Miscellanies in Prose, Now First Collected. Hg. von R. H. SHEPHERD. 2 Bde. London 1885

«To Be Read at Dusk», And Other Stories, Sketches and Essays, Now First Collected. London 1898

Collected Papers. Hg. von A. WAUGH. London 1903

Poems and Verses. Hg. von F. G. KITTON. London 1903

Miscellaneous Papers. Hg. von B. W. MATZ. 2 Bde. London 1908

The Life of Our Lord. London 1934

The Uncollected Writings of Charles Dickens. «Household Words» 1850–1859. Hg. von HARRY STONE. 2 Bde. Bloomington, Ind. 1968

BRIEFE UND REDEN

SALA, G. A. (Hg.): Speeches, Letters and Sayings of Charles Dickens. New York 1870

Speeches, Literary and Social. By Charles Dickens. London 1975

HOGARTH, GEORGINA, und MAMIE DICKENS (Hg.): The Letters of Charles Dickens. 3 Bde. London 1880–1882

SHEPHERD, R. H. (Hg.): The Speeches of Charles Dickens. London 1884

HUTTON, LAURENCE (Hg.): Letters of Charles Dickens to Wilkie Collins. London–New York 1892

BAKER, G. P. (Hg.): Charles Dickens and Maria Beadnell; a private correspondence. Boston 1908

SMITH, HARRY B. (Hg.): The Dickens-Kolle Letters. Boston 1910

LEHMAN, R. C. (Hg.): Charles Dickens as Editor: Being Letters Written by Him to William Henry Wills His Sub-Editor. London 1912

PERUGINI, KATE, und WALTER DEXTER (Hg.): Mr. and Mrs. Charles Dickens: His Letters to Her. London 1935

DEXTER, WALTER (Hg.): The Love Romance of Charles Dickens: Told in His Letters to Maria Beadnell (Mrs. Winter). London 1936

DEXTER, WALTER (Hg.): The Letters of Charles Dickens. 3 Bde. London 1938 (Nonesuch Edition)

JOHNSON, EDGAR (Hg.): The Heart of Charles Dickens: As Revealed in his Letters to Angela Burdett-Coutts. New York 1952

FIELDING, K. J. (Hg.): The Speeches of Charles Dickens. Oxford 1960

HOUSE, MADELEINE, und GRAHAM STOREY (Hg.): The Pilgrim Edition of the Letters of Charles Dickens. Bd. 1: 1820–39. Oxford 1965. Bd. 2: 1840–41. Oxford 1969. Bd. 3: 1842–43. Oxford 1974 [wird fortgesetzt]

c) Deutschsprachige Ausgaben (Auswahl)

Sämtliche Romane. Dt. von P. HEICHEN. 33 Bde. Naumburg o. J.

Boz's ‹Dickens› sämmtliche Werke. 27 Bde. Leipzig 1878

Charles Dickens' ausgewählte Romane. Dt. von AUGUSTE SCHEIBE. 14 Bde. Halle 1879–188

Ausgewählte Romane und Geschichten. Dt. von G. MEYRINK. 16 Bde. München 1909–1914

Ausgewählte Werke. Dt. von R. ZOOZMANN. 16 Bde. Leipzig 1910

Ausgewählte Romane und Novellen. Hg. von L. FELD. 12 Bde. Leipzig 1910–1913

Ausgewählte Romane und Novellen. 6 Bde. Leipzig 1928

Werke. Dt. von CARL COLB. 5 Bde. Hamburg 1962–1963

3. Lebenszeugnisse

a) Biographien und Gesamtdarstellungen

MACKENZIE, R. S.: Life of Dickens, with personal recollections and anecdotes. Philadelphia 1870

FORSTER, JOHN: The Life of Charles Dickens. 3 Bde. London 1872–1874 – 2 Bde. Hg. von B. W. MATZ. London 1911 – Hg. von J. W. T. LEY. London 1928

WARD, A. W.: Charles Dickens. London 1882

MARZIALS, FRANK T.: Life of Charles Dickens. London 1887

GISSING, GEORGE R.: Charles Dickens. London 1898

HEICHEN, P.: Charles Dickens. Naumburg 1898

GISSING, GEORGE: Charles Dickens. A Critical Study. London 1902

KITTON, FREDERIC G.: Charles Dickens. His Life, Writings, and Personality. Edinburgh 1902

FITZGERALD, P. H.: Life of Charles Dickens as revealed in his writings. 2 Bde. London 1905

CHESTERTON, GILBERT K.: Charles Dickens. London 1906 – Dt.: Wien 1936

SWINBURNE, ALGERNOON CHARLES: Charles Dickens. London 1913

DIBELIUS, WILHELM: Charles Dickens. Leipzig 1916

NICOLL, SIR W. ROBERTSON: Dickens' Own Story. London 1923

WAGENKNECHT, EDWARD: The Man Charles Dickens: A Victorian Portrait. Cambridge, Mass. 1929

WRIGHT, THOMAS: The Life of Charles Dickens. London 1935

STRAUS, RALPH: Dickens: The Man and the Book. London 1936

JACKSON, THOMAS A.: Charles Dickens: The Progress of a Radical. London–New York 1938

ORWELL, GEORGE: Charles Dickens. In: Inside the Whale. London 1940

WILSON, EDMUND: Dickens: The Two Scrooges. In: The Wound and the Bow. London 1941 – Neuauflage: New York 1952

POPE-HENNESSY, UNA: Charles Dickens. London 1945

PEARSON, HESKETH: Dickens, his Character, Comedy and Career. London 1949

LINDSAY, JACK: Charles Dickens. A Biographical and Critical Study. London 1950

SYMONS, JULIAN: Charles Dickens. London 1951

JOHNSON, EDGAR: Charles Dickens: His Tragedy and Triumph. 2 Bde. London 1952

PRIESTLEY, JOHN B.: Charles Dickens and his World. London –New York 1961

BROWN, IVOR: Dickens in his Time. London 1963

FIDO, MARTIN: Charles Dickens. London 1970

WILSON, ANGUS: The World of Charles Dickens. London 1970

GATTÉGNO, JEAN: Dickens. Paris 1975 (Écrivains de toujours)

MANKOWITZ, WOLF: Dickens of London. London 1976

REINHOLD HEINZ: Charles Dickens. In: Der englische Roman des 19. Jahrhunderts. Düsseldorf–Bern–München 1976. S. 36–47

b) Biographische Einzelaspekte

WILKINS, WILLIAM GLYDE: Charles Dickens in America. London 1911

LANGTON, ROBERT: The Childhood and Youth of Charles Dickens. London 1912

LEY, J. W. T.: The Dickens Circle: A Narrative of the Novelist's Friendships. London 1918

DICKENS, HENRY FIELDING: Memories of My Father. London 1928

STOREY, GLADYS: Dickens and Daughter. London 1939

NISBET, ADA B.: Dickens and Ellen Ternan. With a Foreword by Edmund Wilson. Berkeley, Calif. 1952
BOWEN, W. H.: Charles Dickens and his Family. Cambridge 1956
ADRIAN, ARTHUR A.: Georgina Hogarth and the Dickens Circle. London–New York 1957
KAPLAN, FRED: Dickens and Mesmerism. The Hidden Springs of Fiction. Princeton, N. Y. 1975

4. Untersuchungen

a) Zur Wirkungsgeschichte. Aufsatzsammelbände

GUMMER, ELLIS N.: Dickens' Works in Germany: 1837–1937. Oxford 1940
FORD, GEORGE H.: Dickens and His Readers. Aspects of Novel-Criticism since 1836. Princeton, N. J. 1955
CLARK, WILLIAM R. (Hg.): Discussions of Charles Dickens. Boston 1961
FORD, GEORGE H., und LAURIAT LANE Jr. (Hg.): The Dickens Critics: 1841–1960. Ithaca, N. Y. 1961
GROSS, JOHN, und GABRIEL PEARSON (Hg.): Dickens and the Twentieth Century. London 1962
PEYROUTON, N. (Hg.): Dickens Criticism: A Symposium. Boston, Mass. 1962
PRICE, MARTIN (Hg.): Dickens. A Collection of Critical Essays. Englewood Cliffs, N. J. 1967 (Twentieth Century Views)
DYSON, A. E. (Hg.): Dickens. London 1968 (Modern Judgements)
TOMLIN, E. W. F.: Dickens's Reputation: a Reassessment. In: E. W. F. TOMLIN (Hg.), Charles Dickens 1812–1870. London 1969. S. 237–263
COLLINS, PHILIP (Hg.): Dickens. The Critical Heritage. London 1970
SLATER, MICHAEL (Hg.): Dickens and Fame 1870–1970: Essays on the Author's Reputation. Dickensian 66 (1970) [Sonderheft]
SLATER, MICHAEL (Hg.): Dickens 1970: Centenary Essays. New York 1970
WALL, STEPHEN (Hg.): Charles Dickens. A Critical Anthology. Harmondsworth 1970 (Penguin Critical Anthologies)
NISBET, A., und B. NEVIUS (Hg.): Dickens Centennial Essays. Berkeley–Los Angeles–London 1971

b) Zum Gesamtwerk

KITTON, FREDERIC G.: The Novels of Charles Dickens. London 1897
DIBELIUS, WILHELM: Charles Dickens. Leipzig 1916
ENGEL, MONROE: The Maturity of Dickens. Cambridge, Mass. 1958
FIELDING, K. J.: Charles Dickens. A Critical Introduction. London 1958
MILLER, J. HILLIS: Charles Dickens: The World of his Novels. Cambridge, Mass. 1958
COCKSHUT, A. O. J.: The Imagination of Charles Dickens. London 1961
GARIS, ROBERT: The Dickens Theatre: A Reassessment of the Novels. London 1965
MARCUS, STEVEN: Dickens: From Pickwick to Dombey. London 1965
BLOUNT, TREVOR: Dickens: The Early Novels. London 1968
BURTON, HARRY: Dickens and His Works. London–Toronto–New York 1968
HARDY, BARBARA: Dickens: The Later Novels. London 1968
JOHNSON, EDWARD D.: Charles Dickens: An Introduction to His Novels. New York 1968
SMITH, GRAHAME: Dickens, Money and Society. California Press 1968

Dyson, A. E.: The Inimitable Dickens: A Reading of the Novels. London 1970
Hardy, Barbary: The Moral Art of Charles Dickens. London 1970
Leavis, F. R., und Q. D. Leavis: Dickens the Novelist. London 1970
Lucas, John: The Melancholy Man. London 1970
Gold, Joseph: Charles Dickens: Radical Moralist. Minneapolis, Minn. 1972
Hobsbaum, Philip: A Reader's Guide to Charles Dickens. London 1972
Solomon, Pearl Chesler: Dickens and Melville in Their Time. New York–London 1975
Thurley, Geoffrey: The Dickens Myth. Its Genesis and Structure. London 1976
Vries, Duane de: Dickens's Apprentice Years. The Making of a Novelist. New York 1976

c) Zu den Einzelwerken

Benignus, S.: Studien über die Anfänge von Dickens. Esslingen 1895
Cox, C. B.: Comic Viewpoints in Sketches by Boz. In: English 12 (1959)
Fitzgerald, P. H.: Pickwickian Studies. London 1899
Hall, H.: Mr. Pickwick's Kent. London 1899
Dibelius, Wilhelm: Zu den Pickwick papers. In: Anglia 35 (1912), S. 101 f
Clendening, L.: A Handbook to Pickwick Papers. New York 1936
Reinhold, Heinz: The Stroller's Tale in Charles Dickens' The Pickwick Papers. In: Reinhold (Hg.), Charles Dickens. Sein Werk im Lichte neuer deutscher Forschung. Heidelberg 1969. S. 17–36
Wagner, Horst: Zur Frage der Erzähleinschübe im Don Quijote und in den Pickwick Papers. In: Arcadia 9 (1974), S. 1–22
Kettle, Arnold: Dickens: Oliver Twist. In: An Introduction to the English Novel. London 1951
Bayley, John: Oliver Twist: Things as they Really Are. In: John Gross und Gabriel Pearson (Hg.), Dickens and the Twentieth Century. London 1962. S. 49–64
Patten, Robert L.: Capitalism and Compassion in Oliver Twist. In: Studies in the Novel 1 (1969), S. 207–221
Černy, Lothar: «A General Number One»: Utilitarismuskritik in Dickens' Oliver Twist. In: P. G. Buchloh, I. Leimberg und H. Rauter, (Hg.), Studien zur englischen und amerikanischen Sprache und Literatur. Neumünster 1974. S. 119–156 (Festschrift Papajewski)
Ulrich, A.: Studien zu Dickens' Roman Barnaby Rudge. Jena 1931
Brush, Lillian Hatfield: A Psychological Study of Barnaby Rudge. In: The Dickensian 31 (1935), S. 24–30
Folland, Harold F.: The Doer and the Deed: Theme and Pattern in Barnaby Rudge. In: Publications of the Modern Language Association 74 (1959), S. 406–417
Gottshall, James K.: Devils Abroad: The Unity and Significance of Barnaby Rudge. In: Nineteenth-Century Fiction 16 (1961/62), S. 133–146
Nisbet, A. B.: The Mystery of Martin Chuzzlewit. In: Essays Dedicated to Lily B. Campbell. Los Angeles, Calif. 1950
Stone, H.: Dickens' Use of His American Experiences in Martin Chuzzlewit. In: Publications of the Modern Language Association 72 (1957), S. 464–478
Collins, Philip: Dombey and Son: Then and Now. In: The Dickensian 63 (1967), S. 82–94
Fiedler, F.: Dickens' Gebrauch der rhythmischen Prosa im Christmas Carol. In: Archiv 139 (1919)
Bluhm, R.: Autobiographisches in David Copperfield. Reichenbach 1891
David Copperfield Centenary Number. The Dickensian 45 (1949)

Oppel, Horst: Die Vergegenwärtigung des Erzählten in David Dopperfield. In: Heinz Reinhold (Hg.), Charles Dickens. Sein Werk im Lichte neuer deutscher Forschung. Heidelberg 1969. S. 37–58

Oppel, Horst: Dickens: David Copperfield. In: Franz K. Stanzel (Hg.), Der englische Roman: Vom Mittelalter bis zur Moderne. Düsseldorf 1969. S. 112–158

Cox, C. B.: Realism and Fantasy in David Copperfield. In: Bulletin of the John Rylands Library 52 (1970), S. 267–283

Butt, John E.: Bleak House in the Context of 1851. In: Nineteenth-Century Fiction 10 (1955), S. 1–21

Crompton, L.: Satire and Symbolism in Bleak House. In: Nineteenth-Century Fiction 12 (1958), S. 284–303

Donovan, R. A.: Structure and Idea in Bleak House. In: English Literary History 29 (1962), S. 186–201

Axton, W.: The Trouble with Esther. In: Modern Language Quarterly 26 (1965), S. 545–557

Blount, Trevor: Poor Jo, Education, and the Problem of Juvenile Delinquency in Dickens' Bleak House. In: Modern Philology 62 (1965), S. 325–339

Blount, Trevor: Dickens's Slum Satire in Bleak House. In: Modern Language Review 9 (1965), S. 340–351

Fradin, Joseph I.: Will and Society in Bleak House. In: Publications of the Modern Language Association 81 (1966), S. 95–109

Korg, Jacob (Hg.): Twentieth Century Interpretations of Bleak House. Englewood Cliffs, N. J. 1968

Dyson, A. E. (Hg.): Dickens: Bleak House. A Casebook. London 1969

Kenney, Blair G.: Carlyle and Bleak House. In: The Dickensian 66 (1970), S. 36–41

The Dickensian 69 (1973) ist fast ausschließlich der Diskussion von Bleak House gewidmet

Smith, Grahame: Charles Dickens: Bleak House. London 1974

Stumpf, W.: Der Dickenssche Roman Hard Times: Seine Entstehung und seine Tendenzen. Freienwalde 1910

Shaw, George Bernard: Introduction to Hard Times. London 1912 – Nachdruck in: George H. Ford und Lauriat Lane Jr. (Hg.), The Dickens Critics. Ithaca, N. Y. 1961. S. 125–135

Williams, Raymond: Hard Times, Dickens. In: Culture and Society 1780–1950. London 1958

Gray, Paul E. (Hg.): Twentieth Century Interpretations of Hard Times: A Collection of Critical Essays. Englewood Cliffs, N. J. 1968

Benn, J. Miriam: A Landscape with Figures: Characterization and Expression in Hard Times. In: Dickens Studies Annual 1 (1970)

Bony, Alain: Réalité et l'imaginaire dans Hard Times. In: Études Anglaises 23 (1970), S. 168–182

Leimberg, Ingeborg: Hard Times: Zeitbezug und überzeitliche Bedeutung. Zeitkritische Fakten im fiktionalen Zusammenhang. In: Germanisch-Romanische Monatsschrift 21 (1971), S. 269–296

Bell, Vereen M.: Mrs. General as Victorian England: Dickens's Image of His Times. In: Nineteenth-Century Fiction 20 (1965), S. 177–184 (Beitrag zu Little Dorrit)

Reid, J. C.: Charles Dickens: Little Dorrit. London 1967

Barnard, Robert: The Imagery of Little Dorrit. In: English Studies 52 (1971), S. 520–532

Myers, William: The Radicalism of Little Dorrit. In: John Lucas (Hg.), Literature and Politics in the Nineteenth Century. London 1971. S. 77–104

Böttger, C.: Dickens' historischer Roman A Tale of Two Cities und seine Quellen.

147

Königsberg 1913

REINHOLD, HEINZ: Charles Dickens' Roman A Tale of Two Cities und das Publikum. In: Germanisch-Romanische Monatsschrift, Bd. 5, Heft 4 (1955), S. 319–337

HAGAN, JOHN H. Jr.: Structural Patterns in Dickens's Great Expectations. In: Journal of English Literary History 21 (1954), S. 54–66

MOYNAHAN, JULIAN: The Hero's Guilt: The Case of Great Expectations. In: Essays in Criticism 10 (1960), S. 69–79

KILLY, WALTHER: Der Roman als Märchen: Dickens. Great Expectations. In: Romane des 19. Jahrhunderts: Wirlichkeit und Kunstcharakter. Göttingen 1967

WENTERSDORF, K. P.: Mirror-images in Great Expectations. In: Nineteenth-Century Fiction 21 (1967), S. 203–224

GREGORY, MARSHALL W.: Values and Meaning in Great Expectations: The Two Endings Revisited. In: Essays in Criticism 19 (1968), S. 402–409

FLUCHÈRE, HENRI: Lecture et relecture de Great Expectations. In: Europe 488 (1969), S. 62–77

STONE, HARRY: The Genesis of a Novel: Great Expectations. In: E. W. F. TOMLIN (Hg.), Charles Dickens 1812–1870. London 1969. S. 101–131

TETZELI VON ROSADOR, KURT: Charles Dickens: Great Expectations. Das Ende eines Ich-Romans. In: Die Neueren Sprachen 18 (1969), S. 399–408

THOMSEN, CHRISTIAN W.: Charles Dickens: Great Expectations. In: P. GOETSCH, H. KOSOK und K. OTTEN (Hg.), Der englische Roman im 19. Jahrhundert. Berlin 1973. S. 165–179

THOMSEN, CHRISTIAN W.: Das Groteske in Charles Dickens' Great Expectations. In: Anglia 92 (1974), S. 113–142

BOLL, ERNEST: The Plotting of Our Mutual Friend. In: Modern Philology 43 (1944), S. 96–122

MONOD, SYLVÈRE: L'Expression dans ‹Our Mutual Friend›: Manière ou Maniérisme? In: Études Anglaises 10 (1957), S. 37–48

HOBSBAUM, P.: The Critics and ‹Our Mutual Friend›. In: Essays in Criticism 13 (1963), S. 231–240

NELSON, HARLAND S.: Dickens's Our Mutual Friend and Henry Mayhew's London Labour and the London Poor. In: Nineteenth-Century Fiction 20 (1965), S. 207–222

OPPEL, HORST: Charles Dickens: Our Mutual Friend. In: HORST OPPEL (Hg.), Der moderne englische Roman: Interpretationen. Berlin 1965. S. 15–33

PALMER, WILLIAM J.: The Movement of History in Our Mutual Friend. In: Publications of the Modern Language Association 89 (1974), S. 487–495

LANG, A.: The Puzzle of Dickens' Last Plot. London 1905

SAUNDERS, M.: The Mystery in the Drood Family. Cambridge 1914

CARDEN, P. T.: The Murder of Edwin Drood: an Attempted Solution. London 1920

AYLMER, FELIX: The Drood Case. London 1964

d) Vergleichende Darstellungen

PHILIPS, WALTER C.: Dickens, Reade, and Collins: Sensation Novelists. A Study in the Conditions and Theories of Novel Writing in Victorian England. London–New York 1919

ELTON, OLIVER: Dickens and Thackeray. London 1924

ELIOT, THOMAS STEARNS: Wilkie Collins and Dickens. In: The Times Literary Supplement, 4. Aug. 1927 – Nachdruck in: GEORGE H. FORD und LAURIAT LANE Jr. (Hg.), The Dickens Critics. Ithaca, N. Y. 1961. S. 151–152

WIERSTRA, F. D.: Smollett and Dickens. Den Helder 1928

REINHOLD, HEINZ: George Moore auf den Spuren von Charles Dickens. In: Germanisch-Romanische Monatsschrift, Bd. 4, Heft 4 (1954), S. 298–312 – Neuabdruck in: HEINZ REINHOLD (Hg.), Charles Dickens. Sein Werk im Lichte neuer deutscher Forschung. Heidelberg 1969. S. 166–182

FANGER, DONALD: Dostoevsky in Relation to Balzac, Dickens, and Gogol. Cambridge, Mass. 1965

SPILKA, MARK: Dickens and Kafka: A Mutual Interpretation. London 1967

KLIENEBERGER, H. R.: Charles Dickens and Wilhelm Raabe. In: Oxford German Studies 4 (1969), S. 90–117

PARAF, PIERRE: Charles Dickens et Hans Christian Andersen. In: Europe 488 (1969), S. 105–109

ODDIE, WILLIAM: Dickens and Carlyle: The Question of Influence. London 1972

LUCAS, JOHN: Dickens and Arnold. In: Renaissance and Modern Studies 16 (1973), 86–111

e) Zu Dickens' Erzähltechnik und Stil

BORINSKI, LUDWIG: Dickens' Spätstil. In: Die Neueren Sprachen, 9, (1957), S. 405–428 – Neuabdruck in: HEINZ REINHOLD (Hg.), Charles Dickens. Sein Werk im Lichte neuer deutscher Forschung. Heidelberg 1969. S. 134–165

BUTT, JOHN, und KATHLEEN TILLOTSON: Dickens at Work. London 1957

GOODHEART, EUGENE: Dicken's Method of Characterisation. In: The Dickensian 59 (1958) S. 35–37

VIEBROCK, HELMUT: Die Leistung der Syntax für den Stil, dargestellt an Dickens' Prosa. In: Sprache und Literatur Englands und Amerikas. Bd. 3/1959, S. 45–57 – Neuabdruck in: HEINZ REINHOLD (Hg.), Charles Dickens. Sein Werk im Lichte neuer deutscher Forschung. Heidelberg 1969. S. 119–133

DAVIS, EARLE: The Flint and the Flame. The Artistry of Charles Dickens. London 1964

COOLIDGE, ARCHIBALD C., Jr.: Charles Dickens as Serial Novelist. Ames, Iowa 1967

FÜGER, WILHELM: Zur Kunst des Erzählanfangs bei Charles Dickens. In: Die Neueren Sprachen 1 (1968), S. 14–27 – Neuabdruck in: HEINZ REINHOLD (Hg.), Charles Dickens. Sein Werk im Lichte neuer deutscher Forschung. Heidelberg 1969. S. 103–118

BROOK, GEORGE L.: The Language of Dickens. London 1970

DALESKI, H. M.: Dickens and the Art of Analogy. London 1970

SUCKSMITH, HARVEY P.: The Narrative Art of Charles Dickens. The Rhetoric of Sympathy and Irony in his Novels. Oxford 1970

GOMME, A. H.: Dickens. London 1971 (Literature in Perspective)

KINCAID, JAMES R.: Dickens and the Rhetoric of Laughter. Oxford 1971

BARNARD, ROBERT: Imagery and Theme in the Novels of Charles Dickens. Oslo 1974

f) Sozial- und ideengeschichtliche Untersuchungen

HUGHES, JAMES L.: Dickens as an Educator. New York 1902

FEHR, BERNHARD: Dickens und Malthus. In: Germanisch-Romanische Monatsschrift 2 (1910), S. 542–555

CROTCH, W. WALTER: Charles Dickens, Social Reformer: The Social Teachings of England's Greatest Novelist. London 1913

HOLDSWORTH, WILLIAM S.: Charles Dickens as a Legal Historian. New Haven 1926

HOUSE, HUMPHREY: The Dickens World. London 1942 – Neuaufl. 1960

CRUIKSHANK, R. J.: Charles Dickens and Early Victorian England. London 1949

ENGEL, MONROE: The Politics of Dickens' Novels. In: Publications of the Modern Language Association 71 (1956), S. 945–974

ARNS, OTILIA: Social Problems in the Novels of Charles Dickens. Curitiba 1958

REINHOLD, HEINZ: Kritik an den religiösen und moralischen Anschauungen in Dickens' Werken im 19. Jahrhundert. In: Anglia 76 (1958), S. 145–176 – Nachdruck in: HEINZ REINHOLD (Hg.), Charles Dickens. Sein Werk im Lichte neuer deutscher Forschung. Heidelberg 1969. S. 183–209

MANNING, JOHN: Dickens and Education. Toronto 1959

COLLINS, PHILIP: Dickens and Crime. London 1962

COLLINS, PHILIP: Dickens and Education. London 1963

WILLIAMS, RAYMOND: Social Criticism in Dickens: Some Problems of Method and Approach. In: Critical Quarterly 6 (1964), S. 214–227

DABNEY, ROSS H.: Love and Property in the Novels of Charles Dickens. Berkeley, Calif. 1967

BROWN, IVOR: Dickens as Social Reformer. In: E. W. F. TOMLIN (Hg.), Charles Dickens 1812–1870. London 1969. S. 141–167

BRANTLINGER, PATRICK: Dickens and the Factories. In: Nineteenth-Century Fiction 26 (1972), S. 270–285

GOLDBERG, MICHAEL: From Bentham to Carlyle: Dickens' Political Development. In: Journal of the History of Ideas 33 (1974), S. 61–76

g) Zu Dickens' Lesungen

FIELD, KATE: Pen Photographs of Charles Dickens's Readings. London–Boston 1871

KENT, CHARLES: Dickens as a Reader. London 1872

HOLLINGSHEAD, J. (Hg.): Readings from the Works of Dickens as Arranged and Read by Himself. London 1907

COLLINS, PHILIP (Hg.): Charles Dickens: His Public Readings. London 1976

h) Dickens' Beziehung zum Theater

FITZ-GERALD, S. J. ADAIR: Dickens and the Drama. London 1910

WOOLLCOTT, ALEXANDER: Mr. Dickens Goes to the Play. London 1922 – Neuaufl. Port Washington, N. Y. 1967

DEXTER, WALTER: For One Night Only: Dickens's Appearances as an Amateur Actor. In: The Dickensian 35 (1939), S. 231–242; The Dickensian 36 (1939/40), S. 20–30, 91–102, 131–135, 195–201; The Dickensian 37 (1940), S. 7–11

FAWCETT, F. DUBREY: Dickens the Dramatist. London 1952

JOHNSON, EDGAR, und ELEANOR JOHNSON (Hg.): The Dickens Theatrical Reader. Boston, Mass. 1964

AXTON, WILLIAM F.: Circle of Fire: Dickens' Theatrical Vision and Style and the Popular Victorian Theatre. Lexington, Ken. 1966

BRANNAN, ROBERT LOUIS (Hg.): Under the Management of Mr. Charles Dickens. His Production of «The Frozen Deep». Ithaca, N. Y. 1966

WILLIAMS, EMLYN: Dickens and the Theatre. In: E. W. F. TOMLIN (Hg.): Charles Dickens 1812–1870. London 1969. S. 177–195

FULKERSON, RICHARD P.: Oliver Twist in the Victorian Theatre. In: The Dickensian 70 (1974), S. 83–95

i) Topographische Untersuchungen

CHANCELLOR, E. BERESFORD: The London of Charles Dickens. Being an Account of the Haunts of His Characters and the Topographical Setting of His Novels. London 1924

KORG, J. (Hg.): London in Dickens' Day. New York 1960

Hibbert, Christopher: Dickens's London. In: E. W. F. Tomlin (Hg.), Charles Dickens 1812–1870. London 1969. S. 73–99
Welsh, Alexander: The City of Dickens. Oxford 1971

j) Dickens und seine Illustratoren

Kitton, Frederic G.: Dickens and His Illustrators. London 1899
Browne, Edgar: Phiz and Dickens. New York 1914
Bentley, Nicolas: Dickens and His Illustrators. In: E. W. F. Tomlin (Hg.), Charles Dickens 1812–1870. London 1969. S. 205–227
Steig, M.: Dickens, Hablôt Browne and the Tradition of English Caricature. In: Criticism 11 (1969), S. 219–233
Harvey, J. R.: Victorian Novelists and Their Illustrators. London 1970
Leavis, Q. D.: The Dickens Illustrations: their Function. In: F. R. Leavis und Q. D. Leavis, Dickens the Novelist. London 1970
Miller, J. Hillis, und David Borowitz: Charles Dickens and George Cruikshank. University of California Press 1971

5. Dickensiana

Philip, Alex J.: A Dickens Dictionary. London 1909 – rev. Neuauflage 1928
Hammerton, J. A.: The Dickens Companion. London 1910
Fyfe, T. A.: Who's who in Dickens. London 1912
Hayward, Arthur L.: The Dickens Encyclopaedia. London 1924 – Neuauflagen 1969, 1971
Hardwick, Michael, und Mollie Hardwick: The Charles Dickens Companion. London 1965
Greaves, John: Who's Who in Dickens. New York 1973
Hardwick, Michael, und Mollie Hardwick: The Charles Dickens Encyclopaedia. London 1973

NAMENREGISTER

Die kursiv gesetzten Zahlen bezeichnen die Abbildungen

ÜBER DEN AUTOR

JOHANN N. SCHMIDT, 1945 in München geboren. Ab 1965 Studium der Anglistik, Romanistik und Germanistik in München und Swansea (Großbritannien). 1970 Magister-Grad mit einer Arbeit über D. H. Lawrence. 1970 und 1971 Lektor an der Universität Southampton. 1974 Promotion mit einer Studie zu Swifts Satiren. Unterrichtet seit 1974 am Seminar für Englische Sprache und Kultur der Universität Hamburg. Dort Vorbereitung einer größeren Arbeit zum englischen Theater des 19. Jahrhunderts.

Veröffentlichungen: Aufsätze zur Shakespeare-Rezeption, zu Problemen der Satire und zur linguistischen Analyse poetischer Texte. Übersetzungen von Edmund Wilson und Simon Gray. «Satire: Swift und Pope» (Stuttgart 1977). Herausgabe eines Aufsatzbandes zur englischen Literatur des frühen 18. Jahrhunderts (Bern–Frankfurt a. M. 1977).

rowohlts mono graphien

IN SELBSTZEUGNISSEN UND BILDDOKUMENTEN HERAUSGEGEBEN VON KURT KUSENBERG

E/XII—77

NOVALIS / Gerhard Schulz [154]

POE / Walter Lennig [32]

PROUST / Claude Mauriac [15]

RAABE / Hans Oppermann [165]

RILKE / Hans Egon Holthusen [22]

ERNST ROWOHLT / Paul Mayer [139]

SAINT-EXUPÉRY / Luc Estang [4]

SARTRE / Walter Biemel [87]

SCHILLER / Friedrich Burschell [14]

F. SCHLEGEL / Ernst Behler [123]

SCHNITZLER / Hartmut Scheible [235]

SHAKESPEARE / Jean Paris [2]

G. B. SHAW / Hermann Stresau [59]

SOLSCHENIZYN / R. Neumann-Hoditz [210]

STIFTER / Urban Roedl [86]

STORM / Hartmut Vinçon [186]

SWIFT / Justus Franz Wittkop [242]

DYLAN THOMAS / Bill Read [143]

LEV TOLSTOJ / Janko Lavrin [57]

TRAKL / Otto Basil [106]

TUCHOLSKY / Klaus-Peter Schulz [31]

WALTHER VON DER VOGELWEIDE / Hans-Uwe Rump [209]

WEDEKIND / Günter Seehaus [213]

OSCAR WILDE / Peter Funke [148]

CARL ZUCKMAYER / Thomas Ayck [256]

PHILOSOPHIE

ERNST BLOCH / Silvia Markun [258]

CICERO / Marion Giebel [261]

ENGELS / Helmut Hirsch [142]

ERASMUS VON ROTTERDAM / Anton J. Gail [214]

GANDHI / Heimo Rau [172]

HEGEL / Franz Wiedmann [110]

HEIDEGGER / Walter Biemel [200]

HERDER / Friedr. W. Kantzenbach [164]

HORKHEIMER / Helmut Gumnior u. Rudolf Ringguth [208]

JASPERS / Hans Saner [169]

KANT / Uwe Schultz [101]

KIERKEGAARD / Peter P. Rohde [28]

LEIBNIZ / F. Richard Cowell [249]

GEORG LUKÁCS / Fritz J. Raddatz [193]

MARX / Werner Blumenberg [76]

NIETZSCHE / Ivo Frenzel [115]

PASCAL / Albert Béguin [26]

PLATON / Gottfried Martin [150]

KARL POPPER / Helmut Gumnior [255]

ROUSSEAU / Georg Holmsten [191]

SCHLEIERMACHER / Friedrich Wilhelm Kantzenbach [126]

SCHOPENHAUER / Walter Abendroth [133]

SOKRATES / Gottfried Martin [128]

SPINOZA / Theun de Vries [171]

RUDOLF STEINER / J. Hemleben [79]

VOLTAIRE / Georg Holmsten [173]

MAX WEBER / Horst Baier [216]

RELIGION

SRI AUROBINDO / Otto Wolff [121]

JAKOB BÖHME / Gerhard Wehr [179]

BONHOEFFER / Eberhard Bethge [236]

MARTIN BUBER / Gerhard Wehr [147]

BUDDHA / Maurice Percheron [12]

EVANGELIST JOHANNES / Johannes Hemleben [194]

FRANZ VON ASSISI / Ivan Gobry [16]

JESUS / David Flusser [140]

LUTHER / Hanns Lilje [98]

MÜNTZER / Gerhard Wehr [188]

PAULUS / Claude Tresmontant [23]

RAMAKRISCHNA / Solange Lemaître [60]

TEILHARD DE CHARDIN / Johannes Hemleben [116]

GESCHICHTE

ADENAUER / Gösta von Uexküll [234]

ALEXANDER DER GROSSE / Gerhard Wirth [203]

BAKUNIN / Justus Franz Wittkop [218]

BEBEL / Helmut Hirsch [196]

BISMARCK / Wilhelm Mommsen [122]

WILLY BRANDT / Carola Stern [232]

CAESAR / Hans Oppermann [135]

CHURCHILL / Sebastian Haffner [129]

FRIEDRICH II. / Georg Holmsten [159]

FRIEDRICH II. VON HOHENSTAUFEN / Herbert Nette [222]

CHE GUEVARA / Elmar May [207]

GUTENBERG / Helmut Presser [134]

HO TSCHI MINH / Reinhold Neumann-Hoditz [182]

W. VON HUMBOLDT / Peter Berglar [161]

JEANNE D'ARC / Herbert Nette [253]

KARL DER GROSSE / Wolfgang Braunfels [187]